고려대명강사최고위과정

명강사 25시

작은 이야기,
큰 이야기

고려대명강사최고위과정
명강사 25시

작은 이야기, 큰 이야기

1판 1쇄 펴낸날 | 2022년 1월 23일

지은이 | 김경미, 김동욱, 김재환, 남희선, 린다리, 송채연, 안종철,
이인재,이준화, 이필호, 임인식, 최애정, 허유리

펴낸이 | 나성원
펴낸곳 | 나비의활주로

기획편집 | 김정웅, 김신희
디자인 | design BIGWAVE

주소 | 서울시 성북구 아리랑로19길 86, 203-505
전화 | 070-7643-7272
팩스 | 02-6499-0595
전자우편 | butterflyrun@naver.com
출판등록 | 제2010-000138호
상표등록 | 제40-1362154호

ISBN | 979-11-90865-53-1 03320

고려대명강사최고위과정

명강사 25시

작은 이야기, 큰 이야기

김경미, 김동욱, 김재환, 남희선, 린다리, 송채연, 안종철,
이인재, 이준화, 이필호, 임인식, 최애정, 허유리 지음

나비의 활주로

CONTENTS

008 추천사

010 발간사

PART 1

김 원장이 뼈 빠지게 사는 이유!!
이 순간을 살고 있는 이유를 말하다! _김경미

014 스타 강사 명성을 어디까지

017 해부학을 사랑하는 김 선생! 학원을 개원하다

019 지금의 내가 있기까지

021 열심히 살았는데 왜 나에게 시련을…

023 새로운 삶을 살아 가야지

025 살아남기

027 내 어린 날의 추억

029 간호사 생활

PART 2

제복 입은 키다리 아저씨의 행복으로 가는 길
_김동욱

036 프롤로그

040 폴리스 스토리가 만드는 더+ 안전한 길

049 지구와 나를 위한 작은 실천, 더+ 깨끗한 길

059 나눔과 섬김으로 함께 걷는 더+ 따뜻한 길

070 에필로그

PART 3 내가 낸 세금으로 월급 받는 공무원이잖아
_김재환

076 땡! 출근 땡! 퇴근
077 공무원들… 세금만 먹는 하마라고!
080 밤의 역사! 밤의 고통!
083 이런 일도 있구나! 하하! 나도 웃겼어
085 막무가내 유형의 민원인 행동
087 좋은 민원, 나쁜 민원, 이상한 민원
090 참 힘들어! 공무원 그만둘까?
095 민원인의 입장이 되어 보자!
097 또다시 찾아온 고민, 공무원 계속해야 하나?
099 눈이 반짝! 내게 주어진 행운의 열쇠!
101 원하던 길! 꼭 해 보고 싶은 길!
105 길가의 작은 꽃도 다 이유가 있듯이

PART 4 남희선의 얼굴경영
_남희선

110 성공하려면 사람 보는 눈을 키워라
121 성공하는 얼굴경영 - 성공한 사람들은 항상 얼굴부터 읽는다
133 좋은 인상 만들기 - 자기 얼굴은 자기가 할 탓이다

PART 5 나는 행복한 부동산 세일즈 우먼이다
_린다 리

140 프롤로그
141 나는 행복한 부동산 세일즈 우먼이다
149 인생의 보람찬 시간들
152 글을 마무리하면서

PART 6 소통하라! 행복이 뚫린다
_송채연

156 들어가며
158 부모와의 소통
164 자녀와의 소통
170 자연과의 소통
175 마무리

PART 7 "안산도시공사 고용 안정, 조합원 모두가 열망하던 소망이었죠." _안종철

180 부끄럽지 않은 길을 걸어오다
183 상생을 위해 불철주야 뛰었던 기억들

PART 8 사회적 자본과 자기 신뢰
_이인재

190 이기적 개인과 사회적 자본
196 공동체와 사회적 자본
200 혼돈(chaos)의 시대
203 천 리 길도 한 걸음부터
205 자기 신뢰
208 맺음말

PART 9 인생을 밝혀주는 좋은 글, 힘이 되어 주는 따뜻한 글
_이필호

212 프롤로그
215 기적을 만드는 감사
220 삶의 존재 이유, 사랑
226 나를 깨우는 힘, 성공
233 에필로그

PART 10
나도 범죄예방 및 경호 전문가가 될 수 있다!
_이준화

238 들어가면서
240 CPTED 개념 및 생성 과정
247 CPTED 필요성
249 CPTED 기본 원리
253 CPTED 범죄억제 방안 및 적용 사례
259 CPTED 경호 행사 적용 방향 및 사례
266 마무리 글

PART 11
2020
_임인식

270 당연한 일상이 사라졌다
274 코로나 시대 트렌드 키워드, '언택트'
277 위드 코로나 시대, 나부터 변해야 한다

PART 12
삶의 모퉁이에서 삶의 의미를 알 때!
_최애정

282 함께 살아간다는 것의 의미를 배우다
287 호산나 수양관, 삶의 길을 비추다
291 다도, 나의 길이 되다

PART 13
왁싱&태닝으로 뷰티 산업을 이끌다
_허유리

300 창업을 꿈꾸다
304 30대 CEO가 되다, "그날 왁싱&탠" 창업
312 이너 뷰티는 피부 과학이다
318 건강하게 예뻐지는 길을 택하다
322 뷰티 산업의 거장이 되리
323 글을 마치며

326 우리의 작은 이야기, 큰 이야기

코로나19 팬데믹 사태에 오미크론 변이 바이러스까지 출현한 어려운 시기에도 불구하고, 15기 고려대 명강사 최고위과정이 마무리되어 가고 있습니다. 『명강사 25시』라는 귀한 책을 지속적으로 출판해 왔듯이, 이번에도 빠지지 않고 출간한 것에 대해 축하의 마음을 전합니다.

2021년 9월부터 시작하여 총 17주간 진행된 명강사 과정에서 모든 분들의 역량과 책임감, 열정 가득한 참여로 사회적 책임 의식 및 사명감을 갖춘 고위급 지도자 육성이라는 소기의 목표를 달성하였습니다. 그렇기에 이 과정을 수료한 분들은 강의의 본질과 기술을 이해하고 실전에서 실천하는 명강사의 이름에 어울리는 분들이라 할 수 있습니다.

이번 저서는 코로나 시대를 극복하며 사회 변화를 꿰뚫어 보려는 명강사들의 열정, 도전, 희망이 그 어느 때보다 진지하게 담겨 있습니다. 물극필반物極必反이라는 말이 있듯이, 어렵게 이겨낸 만큼 더욱 알찬 성과가 있을 것입니다. 수많은 독자들이 다양한 삶 속에서 자신의 가치를 찾아내는 명강사들의 자세와 사람들을 감동시키는 명강사의 요건을 이 책을 통해 들여다볼 수 있게 되기를 소망합니다. 다시 한번,『명강사 25시』출간을 축하드리며, 더욱 성장해 나가시길 기대합니다.

2022. 1.

고려대학교 평생교육원장 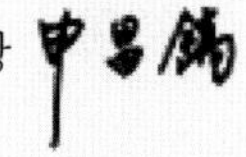

발 간 사

인간은 태어날 때부터 귀한 존재이다. 그들은 각자의 꿈을 좇아 인생을 살아간다. 인간이 귀한 만큼 그 꿈 또한 귀하여서 각자의 꿈은 서로 존중받아 마땅하다. 2021년 9월 27일, 나름 열심히 자기 삶을 영위하고 있는 14명의 귀한 인연들이 고려대 평생교육원 명강사 최고위과정 15기의 동기로 만났다. 멀리 부산에서 비행기를 타고 와 수업에 참석하는 원우, 수업 후 집에 도착하면 새벽 3시가 되는 경북 청도의 외떨어진 곳에서도 빠지지 않고 다니던 원우, 이는 다른 원우들로 하여금 수업에 임하는 태도를 보다 진지하게 만들고도 남았다.

고려대 명강사 최고위과정의 백미는 책 쓰기였다. 책을 처음 써 보는 원우들은 공저에 참여하기를 버거워하기도 했다. 하지만 옆에서 도와주고 격려하는 원우들과 운영 강사님들 덕분에 끝내 도전할 수 있었다. 살아가는 동안 아름다운 추억의 한 페이지를 만들어 낸 것이다. 무슨 내용이 더 중요하고 덜 중요하겠는가? 그저 함께해서 아름다운 것이다. 원우들 삶의 단면과 꿈의 조각들을 진솔하게 한 땀 한 땀 어렵게 엮어냈으니 그 자체가 명저인 것이다. 각자의 삶을 공유하는 것은 그 사람의 인생을 배우는 것이다. 100권의 책을 읽기보다는 한 권의 내 책을 쓰라는 말이 있다. 책을 쓴다는 것은 철학과 소신 없이는 어렵기 때문이다.

전생에 억겁의 인연이 이생의 만남으로 이어진다고 한다. 15기 원우들의 만남 그 자체가 억겁의 인연처럼 소중한 이유이다. 각기 다른 삶의 궤적에서 14가지 경험들을 우리는 함께 나눴다. 강의실에서는 17주를 함께했다. 이것들이 모여 꿈을 위해 달리는 각자의 인생에 적지 않은 밑거름이 될 것이다.

공저를 완성해내기까지 특히 고마운 사람들이 있다. 코로나19의 열악한 환경에서도 고려대 명강사 최고위과정이 끊기지 않고 이어갈 수 있게 하신 서일정 대표 강사님, 처음부터 끝까지 하나하나 이끌어주신 남정희, 조영순 운영 강사님께 깊이 감사의 말씀을 드린다. 고려대 평생교육원 신창호 원장님께도 감사를 드린다. 특히 공저가 완성되기까지 원우들 한 분 한 분이 손을 놓지 않도록 독려하고 궂은일을 마다하지 않은 김재환 공저부 회장님과 공저위원님들께도 감사드린다.

2022년 임인년이 밝아왔다. 호랑이해를 맞이하여 공저에 참여한 모든 분들이 호랑이 같은 리더십을 발휘하여 꿈을 이루시길 기원드린다. 그리고 함께 손잡고 나아가는 15기 원우님들의 앞길에 행복이 가득하시길 응원한다.

2022년 새해 첫머리에,

고려대 명강사 최고위과정 15기 원우회장 이인재

PART 1

김 원장이 뼈 빠지게 사는 이유!!

이 순간을 살고 있는 이유를 말하다!

김경미

Mobile 010-9766-6933
Email ldv6004@naver.com

학력 및 경력사항 /

- 고려대 명강사 최고위과정 15기 공저부위원장
- 안양보육교사 교육원 아동학 강의
- 간호대 졸업
- 병원 근무 18년
- 간호학원 요양보호사 교육원 대표
- 천사방문요양재가센터 운영
- 타 간호학원 강사 18년 경력
- 해외봉사(에티오피아, 코트디부아르)

강의 분야 /

- 사회복지, 치매 전문강사
- 간호학 전 과목(임상실무, 아동학, 모성학, 노인학) 강의

자격 사항 /

- 간호사 면허증(보건복지부장관)
- 사회복지사 2급(보건복지부장관)
- 요양보호사 1급(경기도지사)
- 노인 라인댄스 강사자격증
- 강의 명강사 1급, 인성 지도사 1급, 리더십 지도사 1급(한국상담협회)
- 기업강사자격 1급, 평생교육강사자격 1급, 노인교육강사 1급(한국교육강사연합회)

저서 /

- 명강사 25시(공저)

LESSON 1

스타 강사 명성을 어디까지

간호학원과 요양보호사 교육원에서 스타 강사라 불리고 있는 김 원장이다. 스타 강사라는 명성을 얻기까지 '어떻게 하면 학생들 머릿속에 교과서의 내용을 쏙쏙, 착착 주입해 줄 수 있을까?'를 오랜 시간 연구하고 고민했고, 그 과정에서 경험한 나만의 결과물이 학생들에게 잘 전달되고 있는 것이라 생각했다. 이는 오랜 기간의 경험과 연구의 결과물이었다. 교과 내용을 학생들의 머릿속에 쏙쏙 넣어주고 이해하게 해야 했다. 20대에서 80대까지 다양한 연령층의 학생들을 가르치다 보니 학생들의 입장에서 용어를 선택하고 쉽게 가르치려고 노력했다.

어릴 때부터 사람의 몸에 대해 관심이 많았다. 몸을 구성하고 있는 하나하나의 모든 세포, 조직, 기관들이 어떻게 중요한 역할을 하고 있는지 궁금했다. 간호대에 입학하여 적극적으로 몸의 구성에 대해 공부

했다.

우리 몸은 ① 피부 계통 ② 근육 계통 ③ 골격 계통 ④ 호흡기 계통 ⑤ 순환기 계통 ⑥ 소화기 계통 ⑦ 비뇨기 계통 ⑧ 신경 계통 ⑨ 감각기 계통 ⑩ 생식기 계통 ⑪ 분비 계통으로 분류한다. 계통이라고 하는 것은 몇 개의 기관들이 모여 공동적으로 같은 목적의 기능을 서로 꾸려 나가는 것을 말한다.

소화기 계통은 치齒, 식도, 위장, 타액선 간, 췌膵가 공동하여 신체의 영양 공급을 목적으로 한다. 호흡기계(비강-인, 후두-기관-기관지-폐포)는 공기 중의 산소를 흡입하고 에너지 대사의 결과로 발생한 이산화탄소를 배출하는 기능의 계통이다. 해부학적으로 호흡기계는 기도, 허파… 우리 몸의 계통을 이루고 있는 장기들이다. 근골격계는 뼈, 근육, 신경,

인대, 힘줄을 구성하는 조직이다. 피부계는 외부를 덮고 있으며 표피, 진피 및 피하지방층으로 구성된 신체 기관이다. 신경계란 자극을 빠르게 전달해 그에 대한 반응을 생성하는 기관을 말한다. 내분비계(호르몬 기관)는 외분비샘에 있는 분비관이 없고, 혈관계가 분비샘 내부에 있어서 호르몬을 혈액으로 분비하는 구조로 이루어져 있다. 내분비계를 열거하려면 끝이 없을 정도로 많다.

우리 인체의 계통을 나열하여 교과서적으로 열거하는 것은, 이를 설명할 훌륭하신 의학자분들이 많기에 잠시 보류한다. 다만 우리 몸이 갖추고 있는 아름다운 모습에 나 스스로가 감동을 받고 있으니 모든 분들이 자신의 몸을 사랑했으면 하는 맘에서 알려주고 싶다.

의학과 간호학을 접해보지 못한 학생분들에게는 대략 감각기계(눈, 코, 귀, 혀) 정도의 수준에서 인체 해부를 마음껏 설명해주면서 우리 몸이 얼마나 아름다운지, 얼마나 신비롭고 조화롭게 생겼는지 설명했다. 강의를 할 때는 내가 아닌 다른 사람이 되어 신나게, 재미있게 학생들에게 내가 알고 있는 모든 분야에 대해서 설명해 줄 수 있었다.

해부학을 설명하고 있을 때 가장 행복하다고 스스로 느끼며 살고 있다. 인체를 둘러싸고 있는 구조물들이 너무나 신비롭고 아름다우면서도 조화롭게 연결되어 있어 인체의 구조를 직접 접해보지 않고는 알지 못하기 때문이다.

LESSON 2

해부학을 사랑하는 김 선생! 학원을 개원하다

학원을 운영할 수 있었던 가장 큰 동기가 되었던 것은 살기 위해서였다. 20년 전의 노력이 없었다면 지금의 사업가가 되지 못했을 것이고 교육자로 활동하는 여성이 되어 있지 못했을 것이다. 행복한 원장이 되기 위해 노력했다.

내 삶의 뒤를 돌아보니 정말로 열심히 살아가고 있는 엔젤 천사원장이 되어 있었다. 열심히 그리고 씩씩하고 부지런하게 일했다. 즐겁게, 유쾌하게 사는 게 가장 큰 행복이라고 느꼈다. 남들은 일중독에 빠져 있는 원장이라고 말했다. 많은 사람이 해야 할 일을 혼자 추진하고 있는 모습을 보면서도 행복했다. 현재도 하나의 일에 몰두할 수 있는 이 순간이 있어 참 좋다. 인생이 신이 났다. 살아 있음에 감사하고, 내가 사랑하고 좋아하는 일을 할 수 있음에 감사했다. 나에게 끝없이 능력을 주기 위해 애쓰는 그 누군가에게도 감사했다. 남편, 아들, 딸이 건강하게 자신들의 미래를 꿈꾸며 열심히 살아가고 있어 또한 감사했다.

지난 세월을 생각해 보니 열심히 살았다. 스스로를 이해하지 못할 정도로 열심히 살아 왔다. 마치 내 인생이 한 폭의 파노라마 속에 담겨 있는 듯 그려졌다.

타 간호학원으로 강의를 하러 가기 위해 7개월 된 딸아이를 주변 어린이집에 맡길 때, 아이가 떨어지지 않으려고 울며 보챌 때의 심정, 간호학원 강의를 마치고 어린이집에 가면 눈시울 벌겋게 상기된 채로 반갑게 맞아주는 아이를 꼭 안고 집으로 향했던 기억들….

7살 아들을 태권도장에 맡겨놓고 분주하게 병원에서 근무하고 저녁에는 간호학원에서 강의를 했다. 아들을 데리러 가면 태권도장 소파에서 잠들어 있는 아들 모습에 눈물이 핑 돌고 눈시울이 붉어진 상태로 아이와 함께 집으로 왔던 지난날들….

왜 처절하게 살아 왔는지, 왜 그렇게 살아야만 된다고 생각했던 것인지, 그렇다고 남편이 백수도 아니었는데?

LESSON 3

지금의 내가 있기까지

지난날을 생각해 보니 딸아이가 태어나기 전까지는 처절하리만치 열심히 살던 사람은 아니었다.

1998년 11월 몸에 이상 증상이 생기기 시작했다. 간호사였기에 어느 정도 병명을 알았고 여러 병원을 방문하여 진단받지는 않았다. 진단으로 시간을 허비하고 싶지 않았다.

몸에 이상이 오니 평소에는 의식도 못 하던 버스 계단마저 높게 느껴졌다. 4살짜리 아들의 어린이집에서 열리는 체육대회에 참석해서도 원인도 모르게 넘어졌다. 먹어도 먹어도 한 달에 기본 2~3kg씩 살이 빠져 나가는 체중 감소 현상을 보였다. 4개월 후에는 8kg이나 체중이 감소됐다. 30대 중반에 46kg 정도였는데 38kg이 됐다.

아주대병원 신경외과를 찾았다. 신경과 진료실 허균 의사 선생님이 진료를 담당하셨다. 독일에서 근육학을 전공한, 우리나라의 최초의 근육의학박사가 아니었나 생각해 본다.(정확한 근거는 알 수 없지만 들어서 알고 있었음) "어디가 아파서 왔습니까?"라는 질문을 시작으로 첫 만남이 시작됐는데 나에겐 엄청난 행운이었다. 선생님은 질문 시 마음을 편안하게 해주셨다. 잘생긴 외모는 아닌 것 같았지만 거짓말을 할 것 같지 않은 인상에 믿음이 생겼다. 선생님은 증상을 맘껏 얘기할 수 있는 시간을 주셨다. "어디가 불편해서 왔어요?"라는 질문에 이렇게 대답했다. "선생님, 6개월 전부터 잘 걸을 수가 없고 뛸 수도 없으며, 특히 버스 계단을 올라가지 못하고 두 다리를 들어 올릴 수가 없어요. 4개월 전의 체중이 46kg 정도였는데 현재는 38kg이에요. 특히 쪼그리고 앉았다가 일어날 때 땅을 짚지 않으면 스스로 일어날 수 없습니다." 의사 선생님께서는 다른 병원에 방문하지 않았는지 물었다. 다른 병원은 방문하지 않았다고 했더니 "잘 왔다."라고 하셨다. 그리고 "근육 쪽에 문제가 있는 거 같으니 입원해서 정확한 진단을 내리는 것이 좋을 것 같다."라고 하셨다. 진단 검사 결과가 좋지 않아 입원을 하게 됐다.

LESSON 4

열심히 살았는데 왜 나에게 시련을…

입원하기 위해 4살짜리 아들을 하루 종일 맡길 수 있는 어린이집을 정하고 11월 초에는 모든 입원 준비를 마친 후 옷가지를 챙겨서 집을 나섰다. 아주대병원 신경과에서 검사를 받기 위해 입원했다. 입원 1일째에는 레지던트 2년 차 정도 되어 보이는 의사 선생님이 다가와서 간단한 검사라고 하여 검사대에 누웠다. 허벅지 안쪽에서 근육을 떼어 냈다. 근육의 종양, 염증, 근육량을 검사하기 위해서였다. 근전 검사를 하는 동안 온몸에 전기가 '찌릿찌릿' 통하는 통증을 느꼈다. 폐활량 검사를 비롯해서 산부인과에서 자궁과 난소에는 문제가 없는지, 수술대에 누워서 양쪽 사타구니에서 까맣게 썩어 들어가는 종기가 암성은 아닌지 등등 많은 검사를 받는데 목이 새까맣게 타들어 가는 느낌을 받았다. 긴장과 통증으로 소리를 질러 목이 타들어 가는 아픔의 고통이었다. 때마침 연희동 둘째 형님께서 사다 주신 이온음료 1.5리터짜리를 단숨에 다 마셔 버렸다.

통증의 아픔은 경험해 보고 싶지 않은 그날을 기억하게 했다. 얼마나 고통스럽고 힘든지 알기 때문에 지인들에게 식이요법에 힘쓰라고 당부하고 운동의 중요성을 강조했다.

입원 이틀째였지만 정확한 진단명을 듣지도 못한 채 병원에서 정해 놓은 대로 검사는 진행됐다. 핵의학실에서 왔다는 여의사는 주사를 맞을 능력은 되는지, 지불 능력이 있는지를 확인했다. 자신이 요구하는 주사를 맞지 않으면 큰일이 생길 수 있다던 그 여의사의 당당함이란? 지금 생각해도 황당하게 느껴진다. 현재 잘 살고 계시는지….

며칠간의 검사가 끝이 나고 허균 의사 선생님께서 정확한 진단명을 설명했다. 진단명은 "피부근육염"이라고 했다. "환경 호르몬"에 의한 자가 면역 질환인 "희귀성 질환"이라고 했다. 노력하면 고칠 수 있는 병이라고까지 알려 줬다. "자가 면역 질환"이 무엇인지 간호사로서 정확하게 알지 못했고 내 병을 접하면서 환경 호르몬에 의한 질병, 자가 면역 질환이라는 희귀성 질병에 대해서 처음으로 찾아봤다. 결국 정상 세포들이 자신의 역할을 잊어버리고 같은 편끼리 싸우는 아주 무서운 병임을 알았다.

LESSON 5

새로운 삶을 살아 가야지

2주간의 입원 치료를 받고 퇴원했다. 집에 오지 않던 엄마가 퇴원해서 집에 와 있다는 소식을 들은 아들은 집에 도착하자마자 현관문을 쾅쾅 두드렸다. 4살짜리 아들을 기쁘게 해줘야지 하고 마음먹었는데, "엄마 맞아. 우리 엄마 맞다."라며 고사리 같은 양손으로 엄마의 얼굴을 쓰다듬으며 참았던 눈물을 대성통곡하듯 쏟아내는 아들을 보니 얼마나 엄마를 그리워하고 보고 싶어 했을까 싶어 나 역시 참지 못하고 눈물이 범벅이 되도록 아이를 안고 울었다. 그런 기억들이 지금 생각해 봐도 너무나 생생하게 어제 일처럼 스쳐 지나간다. 현관문 앞에서 아들과 부둥켜안은 채 한동안 울음을 멈추지 못했었다. 옷을 제대로 챙겨 입힐 줄 몰랐던 남편으로 인해 아들은 11월 추위에도 여름옷을 겹겹이 입고 있었다. 그때의 기억 때문인지 몰라도 나는 먹는 것보다 조금 사

치스럽게 보일지 모르지만 아이들에게 기꺼이 열심히 옷을 사 주는 엄마가 되어 가고 있었다. 그래서 그런가 계절이 바뀔 때가 되면 아이들에게 아낌없이 옷을 사서 챙겨 주는 버릇이 생겼다. (아이들은 조금이라도 느끼고 있을까?)

1998년에 발병해 치료에 전념해야 했던 1년간의 시간은 엄마로 내가 살아가는 이유가 무엇인지 깨닫는 계기가 됐다. 그날 이후 다짐했다. '평균 수명보다 더 오래 살게.'라고. 특히 아들이 감싸 안고 울기 시작했을 때 더 다짐을 했다. "아들! 엄마가 멋찌게 살게, 건강하게, 지금의 모습처럼 말라 있는 몸이 아닌 근육을 만들면서 살아가는 건강한 엄마가 되기 위해 반드시 노력할게."라고…. 23년이 훌쩍 지나 버린 지금도 건강을 향한 노력은 지속하고 있다. 그때 1년간 투병 생활을 했던 젊은 날의 모습보다 지금이 훨씬 건강하다고 당당히 말할 수 있을 정도가 됐다. 모두가 항상 감사했다. 딸아이를 낳기 위해 병원을 간 것 외에는 병원에 내 몸을 맡기는 치료를 선택하지 않기 위해 노력했다. 이토록 처절한 몸부림으로 삶을 이끌어 온 나였기에 아무리 바쁘게 살아간다고 해도 힘들지 않다. 지금은 일이 내게 다가오는 것에 행복의 미소를 짓고 감사한 맘을 전하고 싶을 정도다. 일이 즐겁다. 일은 놀이이며 행복이 무엇인지 알려주기에 뼈 빠지게 일을 사랑하는 지금의 김원장이 되어 있다.

LESSON 6

살아남기

간호학원을 운영하기 전 종합병원의 수석 간호사로 근무했다. 시간이 날 때마다 영등포, 구로, 안양 등지에서 불러주는 간호학원에서 강의했다. 많은 사람들도 만날 수 있었다. 간호학을 가르치는 것에도 최선을 다했다.

병원에서 18년의 임상 경험과 20년 이상의 간호 강사 경력이 현재의 나를 만들어 놓았다. 가슴이 뿌듯했다. 우연일까, 간호 강사를 처음 시작하던 때도 11월 7일경이었고 23년 전 병원에 입원하여 질병을 치료하던 때도 11월 7일이었다. 11월과 인연이 깊은 것 같다. 지금 이 글을 쓰고 있는 것도 11월이니까? 11월은 운명의 시기일까? 이제는 11월을 좋아하는 김 원장이 될 것 같다.

11월 중에 가장 감동했던 것은 51세 김 모 학생이 "50대라 그런지 공부에 도전하여 새로운 직업을 찾는 것도 두려움이 있고, 이해력도 떨어지고, 암기도 잘 안 되고, 모든 상황이 힘들었다." 하면서 "원장님의 전문지식과 유머가 가미된 강의를 들으면 유쾌하고 모든 간호학이 귀에 쏙쏙 들어와 합격의 기쁨을 누릴 수 있었다."라고 칭찬을 해주었을 때다. 가장 맘이 뿌듯했다. 세월이 오래 지나서 잘 가르치는 강사가 된 것이 아니라 학생들의 맘속에 들어가 그들의 입장에서 힘들어해 보고, 무엇이 문제가 있는지 생각해 보고 때론 아픔도 함께하면서 울고 웃는 날들을 지내다 보니 학생의 맘을 이해하는 김 원장이 되어 있었다.

요양보호사 자격증을 취득하러 교육원에 열심히 나오고 계시는 83세의 남학생 어르신이 계셨다. 원장님의 목소리가 좋아 귓속에 '쏙쏙' 박힌다면서 시험에 붙을 것 같다고 했다. "목소리가 부자가 될 목소리라고!" 하셨다. 응원하고 칭찬을 아끼지 않는 많은 학생분들이 계셔서 좋고 기분은 좋았다. 웃음이 나고 그냥 좋다. 간호학을 전공한 나 자신에게 고마움을 표현하고 싶고 항상 노력하는 내가 있어 좋고 자신을 사랑할 줄 알아서 참 좋다.

LESSON 7

내 어린 날의 추억

어린 시절에 몸의 상처로 피가 나와도 두려움이 없었고 큰 사고로 다친 사람을 접해도 겁이 없었다. 인체의 구조에 관심이 많았다.

6세 때이다. 시골 마을에서 동네 아저씨가 싸우고 있었다. 한 사람이 화가 엄청 나서 눈알을 뽑을 거라고 협박을 했다. 진짜로 한쪽 눈을 뽑아서 우물터에 던졌다. 눈을 뽑힌 사람은 피로 범벅이 됐다. 괴성을 지르며 울부짖었다. 그런 모습을 보면서도 '무섭다'는 생각보다는 우물터에 버려진 눈이 신기하고 예뻐서 구슬을 만지듯이 주웠다. 물에서 건져 엄마에게 달려가서 보여 줬다. 엄마는 기겁을 하며 이것이 무엇이냐고 웬 개 눈을 가져왔느냐며 갖다 버리라고 했다. 이 눈이 동네 아저씨 눈이라고 하니 더욱 화들짝 놀라셨다. "세상에 이런 일이 어디 있냐! 사람 눈을 빼다니! 아이고 철없는 내 딸이 눈알을 주워 오다니! 에

구머니나 우리 애가!" 하며 어찌 할 바를 모르시는 엄마를 봤다. 그러나 별것 아닌 것으로 알았다. 철없는 아이였다. 눈알을 제자리에 갖다 놨다. 지금 그 아저씨는 애꾸눈이 되어 있다. 정말 잊지 못할 일이다.

초등학교 4학년 때 친정아버지께서는 충청도 괴산 지역의 논 가장자리에 멋지게 원목 주택을 지어 놓으셨다. 학교를 다녀온 뒤에 큰 창문으로 된 대청마루에 앉아 있곤 했다. 그때는 창문이 무척 커 보였다. 가끔 참새가 날아오다가 창문에 부닥쳐 떨어져 죽어 가는 것을 봤다. 그런 장면을 보아도 무섭지 않았다.

초등학교 6학년 때 학교에는 예방주사(간호사가 되고 보니 불주사가 아니고 DT-디프테리아, 파상풍)를 놔 주러 보건소에서 하얀 옷을 입은 분들이 왔다. 호기심에 주사 놔 주는 분에게 어떻게 하면 이런 하얀색 가운을 입을 수 있는지 물어봤더니 "간호사가 되면 돼." 했다. 그 후 간호사가 되는 꿈을 가졌다. 꿈은 이루어졌다. 간호사가 됐다. 이런 모든 것들이 간호와 연관되어 있고 그런 것들의 기억이 떠나지 않고 있다. 간호서비스 행위를 좋아하고 사랑하는 마음이다.

LESSON 8

간호사 생활

간호와 관련된 잠재된 기억들이 드러나면서 많은 역경을 이겨냈고, 20대 중반에 그렇게 소원하고 기대했던 간호사가 됐다. 간호 생활은 외부에서 보는 것과 많은 차이가 있다. 아픈 사람의 생명을 보호하는 일이기에, 죽음과 삶의 기로에 선 환자의 희망 없는 눈빛, 교통사고로 생사의 길에 선 순간 등 수많은 일들을 겪으면서 간호사 생활을 했다. 이런 삶을 겪고 나니 어느덧 세월이 흘렀고 20년을 맞이했다.

병원 중환자실에서 근무를 했다. 그 당시는 치매라는 질병을 매스컴을 통해서만 자연스럽게 접했다. 치매 진단을 받은 대상자를 보면서 대처 능력이 부족했다. 돌봄에 의한 간호 행위만 해 드렸다. 치매 환자와 의사소통도 할 줄 몰랐다. 그저 관리하는 것으로만 생각하고 주사만 놨다. 잠을 재우는 것이 치매 환자를 돌보는 데 최우선이었다.

어느 날 문득 내 가슴이 떨려오는 전율이 느껴지면서 소름이 끼쳐 왔다. 내 몸에 전달되는 느낌이었다. 만약에 치매 대상자를 돌봐 드려야 할 상황이 생긴다면? 치매에 대해서는 잘 알지 못하는데 대처할 수 있는 능력을 나는 발휘할 수 있을까? 나의 가족은 과연 준비를 하면서 살고 있을까? 혹시 다른 사람들은 기억을 잃어가는 치매 진단을 받고 살아가지만, 우리 가족만은 안 걸리겠지! 부정하면서 마음의 기능 부전이 생기는 그런 질병에는 걸리지 않는다고 생각하면서 살고 있지는 않을까! 요양원, 노인병원도 없었던 2000년대 초반이었으니 간호사로서 누구한테도 치매 교육을 받은 적이 없이 환자를 돌봐야 한다는 부담감이 있었다. 그때 간호를 받았던 대상자들에게 죄송함을 전해 드리고 싶다.

현재는 노인성 질환인 치매 진단을 받으면 노인장기요양법에 의한 시설과 재가라는 대상자를 위한 프로그램도 많다.

10년 넘게 요양보호사 교육원을 운영해 오면서 많은 학생들을 접하게 됐다. 어려움에 처한 수많은 학생들을 상담하면서 느낀 가장 큰 문제는 '치매는 누구나 걸릴 수 있겠다.'라는 생각이었다. 상상 속의 질병이 현실적으로 우리의 삶 속으로, 기억이 사라져가는 치매라는 질병으로 아주 깊숙이 파고들어 오고 있음을 느꼈다. 정상적인 생활을 해 오던 사람들이 후천적인 다양한 원인들에 의해 인지기능에 장애가 나타나 시간 기억을 못 하고 장소 기억을 못 했다. 결국에는 사람조차 알아보지 못하는 씁쓸한 상황을 바라보고 있을 때는 더욱더 우리의 마음을 아프게 했다.

우리나라는 인지능력이 떨어지는 마음의 기능 부전인 치매 진단을 받고 살아가는 사람들이 전 세계에서 1위를 차지할 정도로 치매 천국의 나라가 되었다.

통계에 의하면 노인 인구의 비율은 2000년대 7.2% 이상, 2018년 14% 이상, 2026년 20% 이상이 될 것이라 추정하고 있다. 치매 환자의 통계를 보면 2012년 54만 755명(9.2%)에서 2017년 72만 4857명(10.2%), 2050년 271만(15.1%) 명으로 추정된다. 모두가 미래의 추정치를 낮추기 위해 노력해야 한다.

이 순간의 지금이 멋져 참 좋다. 사회에서 어떤 존재가 인정을 받으면서 쓰임을 받고 있을 때가 가장 건강하고 행복한 삶이지 않을까 생각했다. 영원한 동반자 사랑하는 남편이 있어 좋고, 언제나 엄마를 응원해주는 말을 멋지게 건네주는 아들이 있어 좋고, 생각이 깊고 든든한 말동무 예쁜 딸이 있어 행복하다. 지금 이 순간 우리가 만들어낸 내 식구들이 있어 너무 행복하다.

코로나-19라는 바이러스성 질병이 빨리 전 세계에서 사라져 응급구조사 1급 아들과 함께 해외봉사를 하며 남을 돕는 즐거움을 최우선으로 하는 멋진 간호사로 남고 싶다. 아프리카봉사는 또 다른 나를 발견하는 계기를 만들어 준다….

마지막으로 고려대 명강사 반에 열심히 다닐 수 있도록 응원해 주시고 기꺼이 시간을 내어주시면서 학생들을 대함에 있어 소홀함이 없

으며, 수업하는 데 있어서도 성심과 성의를 다해 주시는 원선희 교수님, 임화순 교수님, 이화영 교수님, 김은영 교수님께 항상 매 순간 감사의 인사를 전하고 싶다.

내가 꾸려 나가고 있는 교육원이 먼 미래 문을 닫는 날까지, 쭉 함께 하고픈 감사할 줄 아는 분들과 매 순간을 같이해서 참 좋다.

PART 2

제복 입은 키다리 아저씨의 행복으로 가는 길

김동욱

Mobile 010-3400-3366
Email skyfish007@naver.com

학력 및 경력사항 /
- 고려대 명강사 최고위과정 15기 사무총장
- 서울사이버대 군경상담학 & 상담심리학 졸업
- 부산대학교 행정대학원 행정학과 재학
- 부산경찰청 김해공항경찰대 103호 실장(現)

강의 분야 /
- 경찰 동료 생명지킴이 교육
- 동기부여, 자기계발, 청렴교육

자격 사항 /
- 피해 상담사(한국 피해자협회)
- 경찰 상담사(서울사이버대학교)
- 학교폭력 상담사(청소년폭력예방재단)
- 심리상담사 1급(한국사이버진흥원)
- 명강의 명강사 1급, 리더십 지도사 1급(한국상담협회)
- 기업강사자격 1급, 평생교육강사자격 1급(한국교육강사연합회)
- 행정사(행정자치부)
- 걷기지도사 2급(대한걷기연맹)

수상 경력 /
- 경찰청장, 대통령경호실장 표창 등 24개
- 한국공항공사 부산지역본부장 우수상
- 부산대학교 즉석스피치과정 3종스피치대회 대상
- 제27회 대한민국미술전람회 특선(인두화)

저서 /
- 명강사 25시(공저)

LESSON 1

프롤로그

| 나는 대한민국 경찰이다 |

"경찰은 국민의 자유와 권익의 보호 및 사회 공공의 안녕과 질서를 유지하는 것을 목적으로 한다(경찰관직무집행법 제1조 1항). 사회 공공의 안녕·질서는 사회의 공동생활이 원활하고 건전하게 유지되는 것을 의미한다. 이를 위해서는 사람의 생명, 신체, 재산이 보호되는 국가 및 공공단체의 조직·시설이 국민의 뜻에 따라서 운영되어야 한다." 이는 법률 용어 사전에 명시된 경찰의 목적이다.

그렇다. 대한민국 경찰의 존재 이유는 국민의 생명과 신체 그리고 재산 보호다. 시민을 범죄로부터 보호하고 어려운 사람을 지켜주고 싶은 마음에서 난 경찰이 되었다. 지난 22년간 현장에서 도움이 필요한 시민을 만나 범죄문제를 해결하기 위해 각종 사건과 마주하고, 변사사건 목격 및 예기치 않은 피의자 혹은 피해자의 트라우마 사건을 경험하기도 한다. 때로는 납득하기 어려운 악성 민원 요구를 들어주어야 할 때도 많다. 또한, 내근 부서에서 기획 업무를 통해 정의로운 대한민국을 만들고자 노력해왔다. 하지만 한 번도 겪어보지 못했던 코로나의 출현은 나와 주변의 세계에 큰 변화를 가져왔다. 삶을 잠시 멈추고 지나온 길을 되돌아본다. 또한 내가 가야 할 길에 대한 고민의 시간을 가져본다. 더 나은 세상을 위한 사명과 가치를 재정립할 시간이 필요했다. 그러던 어느 날 '생명지킴이 강사 양성과정' 모집 공문이 눈에 띄었다. '그래! 사람의 생명을 지키는 것보다 숭고한 일이 무엇이 있으랴.' 자살 예방 생명지킴이란 자살 위험에 처한 주변인의 '신호'를 인식하여 지속적 관심을 가지고, 그들이 적절한 도움을 받을 수 있는 자원(기관, 전문가)에 연계하는 사람이다. 국민의 생명과 재산을 지켜주는 소중한 우리 동료들의 생명을 보호하는 것이야말로 의미와 가치를 담고 있는 위대한 사명이라 생각했다.

이는 지난 10년간 심리상담을 공부해온 지향점과 만나는 것이다. 그동안 배우고 익혀 경찰상담사, 피해상담사, 학교폭력상담사, 심리상담사 자격증을 취득하며 현장에서 자살 예방 및 구호 그리고 인권 보호 활동도 하지 않았던가?

개인의 한계를 뛰어넘을 수 있는 또 다른 기회인 것이다. 강사가 되어 주변 동료를 자살 예방 생명지킴이로 양성한다면 더 많은 생명을 살릴 수 있을 것이다.

생각을 실천으로 옮기기에 강의 경험이 부족하여 멈칫 망설여졌다. 강의 경험은 내부 직원을 상대로 한 권총 사격술과 인권교육 그리고 외국인을 상대로 한 범죄예방 교육만이 떠오를 뿐이었다. 그러나 "뜻이 있는 곳에 길이 있다."라는 말이 있지 않은가? 근.자.감(근거 없는 자신감)을 가지고 도전하여 당당히 부딪혀보기로 용기를 내었다.

먼저 생명지킴이 양성 과정 교육을 통해 노련한 경찰 선배들에게 노하우를 배우고, 퇴근 후에는 부산대 평생교육원에서 스피치 과정을 수강했다.

4주 동안 말하기의 기본 자세와 효과적인 대화 기법을 배우며 차츰 성장하기 시작했다. 이러한 노력 끝에 3종 스피치(애송시, 즉석 주제 발표, 3S 원고 연설) 대회에서 대상 수상의 영광도 얻을 수 있었다. 하지만 내면에서는 부족함의 갈증이 느껴졌다. 그러던 중 또 하나의 인연이 다가왔다. 바로 고려대 명강사 최고위과정이었다. 117년의 깊은 역사와 전통을 가진 고려대라면 나의 부족함을 채워주지 않을까? 하는 호기심이 마음의 문을 노크하고 있었다.

하지만 선택을 고민하던 중 큰 장애물이 나타났다. 바로 부산에서 서울까지 450km(왕복 900km)의 이동 거리였다. 비행기를 타고 공항철도와 지하철을 환승하여 2시간 이상 이동하여야 했다. 또한 수업 후에는 교통이 끊겨 인근 숙소에서 하루 머물고, 다음 날 새벽 일찍 비행기로 내려가야 했다. 시간과 공간 그리고 체력까지 뛰어넘어야 하는 장애물의 연속이었다.

16,200km(서울~부산 왕복 18회)의 거리와 수백만 원의 경비 그리고 고된 체력 소모는 순간 나의 의지를 멈칫하게 만들기에 충분했다. 마음 한편에서는 '그건 무리야, 지나친 욕심으로 몸이 상할 수 있어.'라며 포기의 유혹이 속삭였고, 다른 한편에서는 '이건 지금 이 순간만 할 수 있는 최고의 기회야.'라며 도전의 용기가 꿈틀거렸다.

며칠 동안 냉정과 열정 사이 고민은 깊어 가고 있었다. 항상 나의 꿈을 지지해주는 사랑하는 아내가 한번 도전해보라며 수강료 300만 원을 선뜻 내밀었다. 이렇게 가족의 든든한 응원과 뜨거운 열정으로 내 인생 최고의 도전을 선택하게 되었다.

그리고 공저 출판이라는 이름으로 내가 살아온 길을 성찰하고 생각을 가다듬어 이렇게 글을 적어본다. 스스로 변화하여 더 나은 세상을 만들기 위한, 제복을 입은 키다리 아저씨의 험난한 여정이 시작된 것이다.

지금, 이 순간 도전과 포기의 선택 갈림길에서 흔들리는 당신에게 말하고 싶다. 새로운 세계를 경험한다는 것은 당신의 삶의 가능성을 확장하는 것이다. 실패를 두려워하지 말고 도전하라. 비록 실패할지라도 당신은 더욱 단단해질 것이다.

"인생이란 바다에선 누구나 선장이다.
자신만의 배를 띄워 자유의 바다를 항해하라."

『꿈의 도전, 요트로 세계여행』, 허광음

LESSON 2

폴리스 스토리가 만드는 더+ 안전한 길

내 인생을 경찰에, 내 청춘을 101단에

대학 재학 시절 경찰 간부로 근무하던 큰 자형이 경찰 입직을 권유하였다. 설명할 수 없지만 묵직하게 다가왔던 경찰警察이라는 단어는 뜨거운 청춘의 열정과 만나 가슴 깊게 스며들었다. 학교를 다니면서 틈틈이 공부하였고, 그해 당당히 순경 공채시험에 합격하였다. 학교가 아닌 사회라는 새로운 세상에 대한 걱정과 설렘이 동시에 교차하며 중앙경찰학교 풋내기 교육생으로 입교하였다.

충주는 신라, 백제, 고구려 삼국시대 중원을 차지하기 위한 중요한 요충지였으며, 임진왜란 때는 나라를 지키려는 의병 활동이 강했던 충절의 고장이다. 보국과 충절에 대한 역사적 의미가 깊은 충주에 위치한 중앙경찰학교 본관에 도착하면 눈에 띄는 게 하나 있다. 바로 "젊은 경찰관이여 조국은 그대를 믿노라."라는 문장이다. 짧지만 강렬한 그 한마디는 어떤 불의와 위험도 이겨낼 수 있을 만큼의 전율로 다가왔다.

형법, 형소법과 같은 법률 교육, 범죄 제압을 위한 무도, 사격 훈련과 같은 실무 교육 그리고 올바른 공직자가 되기 위한 인권·청렴 교육까지 조국이 믿는 젊은 경찰관이 되기 위해 배움의 과정이 필요했다. 7개월간의 기본적인 업무 역량을 키우고 나서야 청년 경찰은 세상 밖으로 나올 수 있었다.

나의 경찰 생활 첫 근무 장소는 바로 대한민국의 심장부 청와대였다. 일찍이 조선왕조 최초의 궁궐인 경복궁 후원에 있는 청와대는 대통령의 집무실·접견실·회의실이 있는 본관과 국정 업무를 보좌하는 비서실, 경호실, 기자회견을 하는 춘추관, 중요 손님들의 연회를 위한 영빈관 등 부속 건물로 이루어져 있다. 본관은 2층 화강암 석조에 청기와靑瓦를 덮었다. '청와대'란 명칭은 여기서 유래한 것이다.

101경비단은 청와대 내부의 경호를 담당하는 서울특별시 경찰청 소속 경찰기관이다. 대통령 경호처(PSS)와 청와대 경호 및 대통령의 안위와 신변 보호를 주된 업무로 하며, 청와대 내부 경비 임무, 순찰, 의전, 행사 경호 지원을 수행한다.

101이라는 숫자의 뜻은 국가원수 경호는 100%를 넘어 1% 더 완벽해야 한다는 의미를 지니고 있다. 이는 훗날 업무와 생활에 있어서 완벽을 추구하는 커다란 발자취가 되었다.

부임 첫해, 대학 시절 클래식 동아리 활동 경험과 중앙경찰학교 학

경호 교육 교관 시절

보사(학교신문 발행) 경력으로 사내 방송부 활동 기회를 얻었다. 4년 동안 대본에 맞게 배경음악BGM을 넣고 카세트테이프로 더빙하여 아침마다 건물을 오가며 방송을 틀었다. 지금은 파일로 간단히 전송하지만, 그때는 직접 몸으로 뛰어야만 했던 시절이었다.

또한, 후배 양성을 위한 교육관으로 선발되어 후배들의 교육을 책임지는 임무를 수행했다. 몇 차례 권총 사격대회에 참가하여 단체 우승을 이끌어 조직의 이름을 빛내기도 하였다. 그러한 부단한 노력으로 1:130이라는 높은 경쟁률을 뚫고 7년 만에 특별승진이라는 영광을 세 번이나 얻을 수 있었다.

결코 후회 없는 자랑스러운 나의 첫 발걸음이었다. 결혼 축하 선물로 받았던 찻잔 세트에 '내 인생을 경찰에, 내 청춘을 101단에'라는 황금색 문구가 새겨져 있다. 범상치 않았던 표어는 청와대에서 불타는 20대의 청춘을 다 보내고서야 묵직한 울림으로 다가왔다.

나에게 있어 경찰이라는 직업은 단순한 생계 수단이 아니다. 사람들을 도와주고, 세상을 이롭게 하는 가치 있는 일이다. 또한 나에게 101

경비단은 몸과 마음을 단련시키는 수련의 장소이자, 꿈을 향해 힘차게 뻗을 수 있게 받쳐준 항구와 같았다.

보다 나은 세상을 위해 남은 경찰 인생을 후회 없이 당당히 걸어갈 것이다.

┃ 고속도로 위 자살기도자 구조 ┃

경감으로 승진 후 울산경찰청으로 발령받았다. 2018년 4월 벚꽃이 떨어지던 어느 봄날, 경찰서 상황 담당관으로 당직 근무를 서고 있을 때였다. 갑자기 긴급한 무전이 울렸다. KTX 울산역 주변 자살 의심자가 있다는 112신고를 접수되어 인근 파출소에 출동 지령 무전이었다. "미안하다. 먼저 간다."라는 친구의 문자를 받은 신고자는 친구의 안전이 걱정되어 바로 경찰에 도움 요청한 것이다. 위치 추적 결과, 울산 울주군 소재 KTX 울산역 주변으로 확인되었다.

긴급하게 인근 파출소 순찰 팀과 실종 팀, 기동타격대가 현장 출동하였고, 잠시 후 인근 하천에서 제초제를 음독한 40대 남성을 발견했다는 소식을 들었다. 제초제는 농약의 일종으로 음용량에 따라 생명에 위협을 주는 위험한 물질이다. 그때부터는 자살 의심자가 아닌 자살 시도자로 판단되는 위험한 순간이었다.

현장 출동 직원들에게 제초제의 종류와 음용량을 확인시키고, 울산경찰청에는 위기 협상 팀 출동을 요청하였다. 그리고 나는 긴급하게 차를 몰아 15분 거리의 현장으로 이동하였다. 현장 출동 중 신고자에게서 신고 경위, 자살 시도자의 가족관계, 자살 동기와 같은 단서가 될 만한 정보를 미리 얻었다. 신고자는 자살 시도자와 저녁 식사를 같이하며 사업상 어려움에 관해 이야기를 나누다 언양에서 헤어졌다고 한다.

그 이후 모든 걸 포기하는 듯한 자살 암시 문자가 왔다는 것이다. 자살 시도자는 발주 거래처가 부도가 나면서 채권 회수에 곤란함을 겪어 연쇄 부도의 위기에 처해 있었다. 해결의 실마리는 최초 문제점 인식 시점부터 찾기로 하였다.

현장은 자살 시도자가 잭나이프로 불리는 주머니칼을 손에 들고 자해하겠다며 경찰관과 대치 중인 상황이었다. 먼저 라포(의사소통에서 상대방과 형성되는 친밀감 또는 신뢰 관계) 형성을 위해 자살 시도자와 간단한 대화를 나누었다. 제복 위에 재킷을 걸쳐 본인과 비슷한 환경으로 불안감을 잠재우는 비언어적 신호를 보냈다. 하지만 그는 저녁 때 마신 반주와 농약을 탄 막걸리 섭취로 흥분이 가라앉지 않은 불안한 상태였다. 그리고 자신의 억울함을 호소하며 하천을 건너가기 시작하였다. 다행히 가뭄으로 하천 수심은 무릎 정도로 얕아진 상태여서 위험은 없어 보였다.

일정 거리를 유지한 채 계속 대화를 시도하였다. 하지만 하천 건너편에는 새로운 위험이 기다리고 있었다. 바로 울산 외곽의 고속도로로 연결되는 농로였다. 이 농로를 통해서 자살 시도자는 시속 100km 차량이 쌩쌩 달리는 고속도로까지 나아갈 수 있는 아찔한 상황이었다. 최악의 상황을 예방하기 위해 파출소 순찰 팀원이 순간적으로 테이저

건(전자충격기)을 발사하여 구조를 시도하였다. 결과는 실패였다.

한 발은 허벅지 부위에 맞았으나 불행히 다른 한 발은 허공을 향해 날아가고 말았다. 고압 전류로 신체의 중추신경계를 일시적으로 마비시키는 테이저건은 경찰이 사용하는 권총형 진압 장비이다. 5만 볼트 고압이 흐르는 전선이 달린 전기 침 두 개(+, -)가 동시에 발사되는 원리로 두 개의 전기 침이 모두 신체에 닿지 않는다면 효과가 없다.

힘겹게 형성되어 왔던 상호 신뢰 관계가 무너지는 최악의 상황이었다. 결국 차량이 쌩쌩 달리는 고속도로 가장자리까지 오고야 말았다. 계속되는 대치되는 상황에서 스멀스멀 어둠이 몰려왔다. 차가 다니는 고속도로를 오가며 일촉즉발의 위험한 상황으로 긴장감이 극도에 달했다. 자살 기도자는 물론 경찰관 5~6명이 대형 사고의 위험에 노출된 순간이었다. 하지만 포기하지 않고 미리 준비한 생수와 담배를 건네며 다시금 작은 신뢰 회복의 손길을 내밀었다. 사실 난 담배를 피우지 않는다. 그러나 서로 연결된 마음을 확인하기 위해서는 상황적으로 필요한 행동이었다. 협상을 통해 경찰관 한 명을 반대쪽 안전요원으로 보내어 혹시나 있을 사고를 대비했다. 또한 자살 시도자의 하소연을 들어주고, 가족을 조심스레 상기시켜 희망의 끈을 붙잡았다. 그러자 울분에 찼던 감정의 벽이 조금씩 허물기 시작했다. 다른 한편에서는 교통사고 예방을 위해 고속도로 순찰대를 동원하여, 영화의 한 장면처럼 순간적으로 고속도로를 차단하였다. 갑작스러운 경찰 차량 등장에 놀란 자살 시도자가 수 미터 높이의 농로 아래로 뛰어내리려던 순간 경찰관 모두 몸을 던져 구조에 성공하였다.

이후 대기해 있던 구급차에 동승하여 권역응급센터가 있는 울산대학병원으로 후송하였다. "힘내서 위기를 극복하고, 다음에 꼭 막걸리 한잔하자."라고 굳게 약속하며 응급실로 보냈다. 그 후 건강하게 치료받고 가족의 품으로 돌아갔다는 소식을 전해 들었다. 우연히라도 건강하게 잘 살아가는 모습으로 다시 만나길 기도해본다.

지난 10년 동안 심리상담과 위기 협상 공부를 바탕으로 차분하게 현장을 지키며 생명을 구조한 위험했지만 보람 가득한 사건으로 기억에 남는다.

사람은 누구나 어려움을 겪고 넘어지기도 한다. 그것이 학업이든, 취업이든, 사랑이든, 명예든 간에 좌절과 절망의 순간 모든 걸 내려놓고 싶을 때도 있다. 바로 그때 누군가 "괜찮니?"라는 말 한마디와 함께 손을 내밀어 준다면 어떨까? 비록 그 사람의 아픔을 모두 받아낼 수는 없지만 함께 있어 주는 것만으로도 우리는 누군가에게 희망의 불빛이 될 것이다. 당신과 내가 바로 그런 향기 있는 소중한 존재인 것이다.

| 공항 내 현금 3천만 원의 주인공은? |

울산에서의 지방 근무를 마치고 다시 부산으로 입성한 곳은 부산을 중심으로 창원, 울산 등 경상남도 지역을 포함하는 관문 공항인 김해국제공항이었다. 공항은 늘 여행에 대한 설렘으로 가득 차 있는 곳이지만 테러 위협이나 도난 사건 같은 범죄 우려가 공존하는 곳이기도

하다.

코로나 발생 이전, 여느 때와 같이 황금연휴를 즐기려는 여행 인파로 인산인해를 이뤘던 어느 5월의 봄날이었다. 국제선 보안 구역 내 의자 아래에서 현금 뭉치가 가득한 루이비통 가방이 발견되었다는 신고가 접수되었다. 몇 시간째 같은 자리에 가방이 오래 방치된 것을 보고 공항 내 청소를 하시던 분이 매뉴얼대로 신고하였다. 가방 안에는 일본 돈 291만 엔(한화 약 3,000만 원)과 한국 과자들이 들어 있었다. 단서를 찾기 위해 가방 안쪽을 더 살펴보니 ○○은행 지점에서 환전한 영수증 그리고 세관 과태료 납부 영수증이 함께 들어 있었다. CCTV를 확인해 보니 가방 주인은 연세가 지긋한 할머니임이 밝혀졌으나 이미 전날 일본으로 출국한 상태였다. 단서를 토대로 먼저 ○○은행 지점을 방문하였다. 경위를 설명하고 분실자와 연락을 요청하였지만, 전화가 꺼져 있다는 답변만 받았다. 재차 연락 시도를 요청한 채, 남은 단서인 세관 납부 영수증을 근거로 거주지 파악을 수소문해 보았다. 비로소 일본 오사카에 있는 딸과 힘들게 연락이 닿았다.

가방 주인공은 바로 일본 오사카에 거주하는 72세 고령의 재일 교포 여성이었다. 일본 황금연휴 때 남편과 딸 부부, 손자, 손녀와 함께 부산으로 가족 여행을 왔다는 것이다. 귀국 전 국내에 예치했던 예금 중 일부를 찾아 귀국 비행기를 타려다 손주의 재롱에 정신이 팔려 가방을 미처 챙기지 못했다고 한다. 우리나라도 저금리지만 일본은 제로금리 상태라 일부 재일 교포들은 한국에 예금을 해서 이자 수익률을 챙긴다고 한다. 그 할머니는 비행기 이륙 후 분실 사실을 알고 어찌할 방법을 찾지 못해 끙끙 앓았다고 한다. 때마침 다음 날 김해공항경찰대의 연락을 받고 안도의 한숨을 쉬었던 것이다. 짧은 순간 노부부는 얼마나 마음이 불안했을까?

다음 날, 딸과 함께 한국행 비행기에 몸을 싣고 한걸음에 달려왔다. 즐거운 추억과 함께 친절한 마음을 선물 받아 너무 감사하다며 서툰 한국말로 고마움을 표했다. 멀어져 가는 두 모녀의 뒷모습을 바라보며 이 온기가 세상 널리 퍼지기를 기원해 본다.

매일 수많은 사람이 물건을 잃어버리기도 한다. 그중 어떤 이는 물건을 되찾게 되어 기뻐하지만, 어떤 이는 돌아오지 않는 인연에 안타까움을 표하기도 한다. 사람이든 물건이든 다 인연이 있는 듯하다. 세심한 청소로 가방을 발견한 청소원 아주머니, 소유자의 인적 사항을 확인하려 노력하시는 은행원과 세관원들 그리고 대한민국 경찰의 끈질긴 열정과 사명감이 모여 보다 따뜻한 세상을 만들어 나가는 아름다운 사건이 아니었나 싶다.

가정의 달을 맞이하여 이 사건은 뉴스, 방송 등 언론매체를 통해 알려지게 되었다. 그 따뜻함이 퍼져 힘겹게 살아가는 사람들에게 또 다른 작은 희망이 되었으면 한다.

지금, 이 순간에도 국민을 위해 노고를 아끼지 않는 12만 7천여 명의 동료 경찰관에게 존경과 감사를 표한다.

LESSON 3

지구와 나를 위한 작은 실천, 더+ 깨끗한 길

| '하수구에서 금맥을 찾다', 지구촌을 살리기 위한 IECD 활동 |

코로나19라는 무서운 질병이 정확히 어디서 왔는지는 알 수 없으나, 지구가 환경을 오염시킨 인류에게 질병이라는 이름으로 주는 경고임을 우리는 안다.

기후변화로 인한 기상이변은 해수면 상승, 자연재해뿐만 아니라 미세먼지처럼 사람들에게 직·간접으로 영향을 미치고 있다. 기후변화에 대한 사회 각계의 관심이 높아지고 문제의 심각성을 생각하고 있지만, 실천은 잘 하고 있지 않은 것 같다.

2017년 5월, 부산 지역 유망 벤처기업가 동생으로부터 전화가 왔다. "형! 멋진 사람들과 함께하는 좋은 모임 있으니 시간 괜찮으면 한번 들

러요."라는 달콤한(?) 권유로 얼떨결에 참석을 약속했다. 그런데 모임 시간이 새벽 6시 30분이다. 내가 잘못 들었나 싶어 재차 확인해 보았더니 새벽 시간이 맞다고 한다. '무슨 모임이 새벽부터 시작이지?' 좀 색다르기도 했지만 약속한 바 있으니 휴일 새벽부터 부산역으로 향했다. 그곳에는 이미 많은 사람이 노란 조끼를 입고, 무엇인가를 준비하고 있었다. 그것은 지구환경 보호를 위한 자원봉사 활동이었다.

율곡 및 면암 최익현 선생의 유학 사상을 연구하고 학술단체를 지원하는 금곡학술문화재단 하연순 이사장님과 부산 지역 오피니언 리더들을 중심으로 사회 각계각층으로 구성된 환경보호단체였다. 이름하여 깨끗한 지구를 위한 부산 IECDInternational Earth Cleaning Day였다. 이는 서울에 이어 두 번째 지구정화 운동 확산이다. 관광객과 유동 인구가 많은 부산 해운대, 남포동, 서면, 동래, 부산역 중심으로 하수구 청소를 시작하였다. 그 이후 젊음이 가득한 부산대, 경성대, 동아대 등 대학가를 순회하며 부산 전체로 확대하였다. 가는 곳마다 하수구 뚜껑을 열고 막혀 있는 담배꽁초와 같은 부패한 오물을 수거하기 시작하였다.

하수구를 처음 열었을 때 보이는 오물의 비주얼과 악취로 숨 쉬기도 힘들었다. 한 사람 한 사람의 수고가 지구촌을 살리기 위한 IECD 운동이었다. 나 하나의 수고는 나비효과를 불러일으켰다. 막혀 있던 하수도가 변화하여 깨끗한 물이 흘러가는 모습을 바라보면서 내 몸속의 묵은 때마저 정화되는 상쾌함이 느껴졌다. 또한 길을 지나가던 행인의 따뜻한 격려와 인근 상인들의 감사 인사는 더욱 용기를 북돋아 주었다. 나 혼자가 아닌 함께했을 때 세상은 더 맑아지고 밝아진다는 사실을 다시 한번 깨달을 수 있었던 소중한 기회였다.

선한 영향력은 크고 멀리 있는 것이 아니었다. 몇 개월간 유심히 지켜보던 아내와 두 아들도 아빠의 달콤한(?) 권유에 새벽 눈을 비비며 함께 참여하는 봉사 가족으로 거듭나게 되었다. 자녀들은 부모의 등 뒤에서 배운다는 말이 있다. 나의 자녀들이 이론 교육과 삶 속에서 행동하는 지성으로 건강하고 바르게 살아가기를 바란다. "윤-브라더스 고마워! 그리고 사랑해!"

가족 IECD 봉사 활동

IECD 지구정화 운동은 지역의 작은 활동 같아 보일지 모르지만, 이것은 결코 작은 활동이 아니다. 최근에 가장 핫한 기업 경영의 화두는 'ESG 경영'이다. ESG란 기업 경영의 비재무적 요소인 환경Environmental, 사회Social, 지배구조Governance를 뜻한다. 우리의 이러한 봉사는 우리 모두를 위한 E 이로운 S 세상을 G 그리는 행동인 것이다.

더 이상 환경 보호는 지구를 위한 봉사가 아니다. 바로 나와 내 가족 그리고 우리 후세대를 위한 필수적인 사명이다.

그 이후 환경 보호에 뜻있는 학계, 정치인, 시민단체가 참여하였고, 창원과 목포 등 다른 지역으로 점차 확대해 나갔다. 지난 2년간의 노하우를 다른 지역 회원들에게 전수한다는 사명감으로 이른 새벽부터 지방 원정 봉사활동도 다녔다. 비록 코로나로 인한 사회적 거리두기 참여로 잠시 활동을 멈추었지만, 지구의 자정 능력 회복을 위한 나의 작은 실천은 계속될 것이다.

좋은 사람들과 함께한다는 것은 정말 행복한 일이다. 나에게 환경의 소중한 가치를 알려 준 동생에게 글로나마 감사함을 표한다. 그리고 한마디 건네자면 "아우님! 사업 핑계로 자주 참석 안 하는데, 코로나 끝나면 청소 도구 들고 함께하시게."

❙'건강에 가치를 더하다', 쓰담쓰담 클린산행 캠페인❙

최근 인스타그램에서 눈에 띄는 해시태그 중 '플로깅'으로 검색되는 게 시물이 3만 3,000개가 넘는다. 플로깅은 이삭을 줍는다는 뜻인 스웨덴어 'plocka uppPick Up'과 조깅Jogging을 합친 단어로 한국에서는 줍기와 조깅을 합친 '줍깅'으로 해석된다. 하지만 줍깅은 조깅에만 국한되지 않는다.

평소 등산을 즐기던 나는 부산 경남 청년 산악동호회(울○메○) 회원들과 건강한 등산 문화와 자연보호라는 가치 실현을 함께하고 싶었다. 그리하여 MZ세대의 자아실현을 위한 '쓰담쓰담(쓰레기를 담다) 프로젝트'를 기획하였다. 평소 환경과 청년 활동에 관심이 많은 향토기업 대표인 친구에게 클린산행 챌린지를 제안하자 아무런 대가 없이 흔쾌히 후원 의사를 보내왔다. 이렇게 쓰레기 줍기에 필요한 친환경 생분해 비닐봉지와 일회용품을 줄이기 위한 텀블러, 귀여운 캐릭터 고양이 발 모양을 본뜬 집게로 구성된 환경 키트가 준비되었다. 이 기획을 산악동호회 카페에 띄우자 회원들 또한 적극적인 동참 의사를 보내왔다.

깨끗한 우리 강산을 위한 '쓰담쓰담 클린산행 챌린지'는 일사천리 진행되었다. 전남 팔영산, 울산 간월산, 사천 와룡산, 충북 월악산, 강원 설악산 등 전국 각지로 뻗어 나갔다. 이는 정부의 일원인 공무원과 시민사회 그리고 기업이 온라인을 활용해 참여적 e-거버넌스 활동을 실현한 것이다. 물론 학문적 의미로는 조금 다를 수도 있을 것이다. 하지만 『논어』의 첫 구절에 學而時習之학이시습지, 不亦說乎불역열호라고 쓰여 있듯, 배우고 그것을 계속해서 실천해나갈 수 있다면 그 얼마나 기쁜 일이 아니겠는가?

대학원에서 배운 행정 지식을 아는 데 그치지 않고 행동으로 응용 실천하는 것은 배움의 궁극적 목적이다. 이것이 바로 대한민국 정부가 나를 장학금으로 공부시킨 이유이다. 국가의 혜택을 입은 나는 공직자의 책임감으로 삶의 현장에서 할 수 있는 일을 할 것이다.

코로나 발생 이후 2년이라는 시간이 흘렀다. 백신 2차 접종 인구가 80%를 넘어서면서 일상을 차츰 회복해가는 시점이 다가오고 있다. 다시 휴양과 치유를 위해 자연을 찾는 사람이 더욱 많아질 것이다. 지금 젊은 청년들과 함께하는 쓰담쓰담 클린산행 챌린지 실천의 울림은 변화의 날개를 달아 메아리가 되어 돌아올 것이다. 그리고 세상은 바뀔 것이다.

이건 누군가를 위한 '봉사'가 아니라 결국 지구를 위한 일이며, 나 자신을 위한 일이다. 이제는 친(親)환경이 아닌 필(必)환경 시대라는 말처럼 우리가 살아남기 위한 필수 선택지이다.

일상생활 속 환경 보호를 실천할 수 있는 '쓰담 챌린지'는 꼭 멀리 있는 산에서만 할 수 있는 것이 아니다. 한강 둔치, 동네 산책로, 아파트 단지 어디서라도 할 수 있다. 자연을 내 몸처럼 아끼는 마음과 방에서 일어날 수 있는 의지만 있다면 가능하다. 당장 일어나 시작하라. 그러면 건강과 행복 두 마리의 토끼를 잡을 것이다.

지구 살리기, 대한민국 지구촌 가족 여러분! 함께하시죠!

| '청렴한 대한민국을 꿈꾸며', 다산 정약용과 만나다 |

공직생활을 하며 늘 다산 정약용 선생의 『목민심서』를 가슴 깊이 새겨 왔다. 공직생활도 사람과의 관계 속에서 이루어지다 보니 때론 사적인 일과 이해 충돌로 갈등을 겪기도 한다. 그럴 때면 항상 선공후사(先公後私: 개인의 사정이나 이익보다 공공의 일을 우선시한다)의 마음으로 어려움을 헤쳐 나간다.

코로나로 어려운 시기에 LH 부동산 사태, 고위공직자 자녀 입시 비리와 같이 사회 곳곳에서 부정부패 뉴스가 전해졌다. 이런 슬픈 소식은 하루하루 열심히 살아가는 보통 사람들을 허탈하게 만든다. 누구는 이미 기울어진 운동장이라고 말하고, 누구는 계층 사다리를 차 버려 희망이 없다고 한다. 기회는 평등하고 과정은 공정하며 결과는 정의로운 세상은 정치적 구호 속에만 존재하는 것일까?

하지만 슬픈 현실 속에서도 공정가치라는 이 시대의 화두에 희망을 기대고 싶다.

시민들이 경찰에 바라는 가장 큰 가치 중 하나는 범죄로부터 지켜주는 강한 경찰과 더불어 공정함이 아닐까? 생각해본다.

어느 날, 행정대학원 동기회장으로부터 전화가 왔다. 청렴 문화에 관심 있는 MZ세대를 대상으로 독서 토론을 진행해 줄 수 있느냐는 요청이었다. 현장에서 활동하는 청렴 전문가로서 생생한 경험을 통해 청년들에게 청렴 문화를 심어주는 역할이었다. 스스로 청렴 전문가로 자질이 충분한가에 대한 의구심에 답변을 잠시 미뤘다. '내 경험들이 청년에게 어떤 도움을 줄 수 있을까?', '내가 가진 청렴의 가치관이 경찰 조직의 대표성을 나타낼 수 있을까?'라는 계속되는 의문을 스스로에게 던졌다. 고민 끝에 긍정적인 결론에 도달했다. 치열하게 살아온 삶에 대한 당당함과 MZ세대와의 생각 공유가 그 이유였다. 그러한 소통은 다시 현장에서 또 다른 청년들을 이해하고 도울 수 있는 좋은 기회라고 생각해 흔쾌히 수락하였다.

도서 선정은 그리 어렵지 않았다. 이미 머릿속에 청렴이라는 단어와 동시에 떠오르는 인물이 바로 다산 정약용 선생이었다. 또한 얼마 전 작은 아들과 함께 토론한『다산의 마지막 습관』책도 이미 읽지 않았던가? 평소 틈틈이 독서로 다져진 습관이 이렇게 열매를 맺게 되었다. 참가 구성원은 20살 여대생부터 37세 직장인까지 다양한 나이와 직종 그리고 성향을 지닌 청년들이었다. 우리는 과거 역사를 통해 현재를 반

청렴 독서토론회

영하고 미래를 준비하는 알찬 시간을 가졌다.

다산이 역적으로 몰려 18년간의 유배 생활 속에서도 희망을 버리지 않고 고난을 극복할 수 있었던 원동력에 대해 토론하였다. 또한 공정하고 청렴한 세상을 위해 실천할 수 있는 각자의 방법을 발표하였다. 이렇게 청탁 유혹에 대처하는 마음가짐을 가슴에 새기며 청렴의 씨앗을 뿌려본다. MZ세대의 갬성 취향에 맞춰 청렴 캐치프레이즈 이벤트 우수자 2명에게 직접 만든 탁상시계를 선물로 주었다. 그것은 늘 청렴한 사람으로 살아가길 바라는 삼촌 같은 마음을 담은 나의 소망이었다.

토론을 마치고 지하철로 귀가하는 동안 뜻하지 않은 귀한 선물을 받게 되었다. "오늘 들려주신 경험이 삶에 많은 도움이 되었다.", "청렴에 관한 올바른 가치관을 형성해 나갈 수 있었다.", "배움을 삶에 잘 반영하겠다."라는 내용의 문자였다. 작은 능력이나마 선한 영향력으로 청년들에게 도움이 되었다는 생각에 스스로 진짜 어른이 된 것 같은 착각이 들었다.

이 글로나마 청년들과 소통의 기회를 마련해 준 대학원 동기이자 멋진 원장님께 감사 인사를 드린다.

너와 내가 함께한다면 언젠가 온 세상도 청렴하게 바뀌리라는 희망을 품어보며 애송시 하나 소개해 본다.

나 하나 꽃피어

조동화

나 하나 꽃피어
풀밭이 달라지겠느냐고 말하지 말아라.
네가 꽃피고 내가 꽃피면
결국 풀밭이 온통 꽃밭이 되는 것 아니겠느냐.

나 하나 물들어
산이 달라지겠느냐고 말하지 말아라.
내가 물들고 너도 물들면
결국 온 산이 활활 타오른 것 아니겠느냐.

선물용 수공예 탁상시계

LESSON 4

나눔과 섬김으로 함께 걷는 더+ 따뜻한 길

| 아프리카의 선물, 초록우산 보물찾기 여행(초.보.여행) |

봄 햇살이 강하게 내리쬐는 어느 날이었다. 초록우산 어린이재단에서 해외 봉사활동 안내 문자가 왔다. 초록우산 후원자와 가족에게 자비로 해외사업장 봉사활동 참여 기회를 준다는 것이다. 수년째 나는 계좌로 열심히 후원 활동을 하고 있었지만 직접 참여할 기회가 없어 늘 아쉬움이 남았었기에 호기심이 발동했다. 또한 갓 중학생이 된 사춘기 큰 아들에게 넓은 세상을 보여주고 싶었다. 함께 의미 있는 추억을 쌓고 싶은 아빠의 작은 욕심이랄까?

장소는 바로 케냐, 아프리카 동부 적도 위에 있는 국가이다. 우리에게 조용필의 노래로 친숙한 킬리만자로의 표범과 위대한 전사 마사이족으로 알려진 곳이기도 하다. 물론 아프리카 최고봉인 킬리만자로산

(5,895m)은 인접국인 탄자니아 북부에 있지만, 워낙 높은지라 주변국에서 관망할 수 있다. 어니스트 헤밍웨이의 소설『킬리만자로 눈(雪)』에서 모티브로 쓰인 킬리만자로의 표범은 존재하지 않는다고 한다. 단지, 관광객을 위한 표범 인형만이 호텔 정원 나무 위에 얹혀 있어 씁쓸한 여운만이 미소 짓게 한다.

사춘기 아들에게 봉사 여행에 관해 물어보니 시간은 괜찮다고 한다. 싫지는 않은 모양이다. 출발 한 달 전 서울 초록우산 본부에서 서로 소개하고 재능에 따른 역할 분담 그리고 댄스 및 율동 같은 봉사를 위한 사전 오리엔테이션을 진행했다. 영어를 제법 잘하는 아들은 통역 담당으로, 나는 여행 기간 일행들의 안전을 지켜주는 보안관 역할과 미니 올림픽 총괄 진행을 맡았다. 그렇게 두근거리는 마음으로 부자간의 아프리카 초.보. 여행은 시작되었다.

케냐의 수도 나이로비는 마사이어로 '차가운 물'을 뜻한다. 해발 1,700m의 고지대로 아침, 저녁으로 평균 18°C의 서늘한 날씨였다. 유난히도 더웠던 한국의 무더위에 지쳤던 우리는 바람막이 재킷을 서둘러 꺼내며 새로운 세상에 점차 적응해 나갔다. 의도치 않게 한국의 무더위를 피해서 아프리카로 여름휴가 간 웃지 못할 모양새가 되어 버렸다.

아프리카 동부의 심장답게 여느 도시처럼 많은 자동차와 현대적인 건물들이 도심 중앙을 감싸 안고 있었다. 하지만 나이로비 슬럼가 중 하나인 무쿠루 지역의 한 학교를 방문하러 가던 길은 상상하지 못할 만큼 충격적인 모습이었다. 미디어로 접했던 푸른 눈의 외국인이 바라본 조선시대 서민의 모습이나 6.25 전쟁 때 피난민촌의 역사적 사진을 보는 것 같았다. 그 거리는 하수 처리가 되지 않아 역겨운 냄새가 나는 각종 오물과 쓰레기 더미들이 도로에 방치되어 있었고, 그 옆으로 사람이 사는 판자촌 쪽방들이 즐비해 있었다. 이미 열악한 환경에 익숙한 듯 그곳 사람들은 차량으로 지나가는 우리를 아무렇지 않게 큰 눈동자로 바라보았다. 현지 안내인의 설명으로는 세계 3대 슬럼 지역에 속하는 곳으로, 케냐가 직면하고 있는 심각한 문제 중 하나라고 한다. 그분들의 고달픈 삶을 바라보니 우리 선조들이 겪었을 아픔이 떠올랐다. 지금의 빛나는 대한민국을 만들기 위해 고된 땀을 흘렸을 선조들의 노고에 진심으로 경의를 표한다.

슬럼가 지역 내 한국에서 후원하는 한 학교를 방문하였다. 그곳에서 현지 아동의 건강한 성장과 지역 주민의 온전한 자립에 대한 설명 들었다. 또한 후원자와 현지 후원 아동과의 뜻깊은 만남의 시간을 가졌다. 검은 피부, 하얀 눈동자의 아이와 혈연이 아닌 후원인 관계의 뜨거운 상봉은 또 다른 감동으로 다가왔다. 그동안 나는 두 자녀를 키우기에 급급해 이름 없는 국내 후원인으로 한발 멀리 있지 않았던가? 이제는 인류애를 가지고 좀 더 성숙하고 책임감 있는 키다리 아저씨가 되어보자고 마음속 깊이 다짐해 본다.

케냐는 조혼 관습이 남아 있어 10대에 엄마가 된 여성들이 있었으며 이들의 자립을 위한 프로그램으로 수공예품 제작과 판매를 한다고 한다. 우리들의 작은 정성이 그들의 자립에 진심으로 도움이 되길 바라는 마음에서 아프리카풍의 장신구며, 받침대, 전통 의복까지 한국 특유의 정精 문화가 발동하여 왕창 구매하였다.

다음 날 용맹하기로 유명한 마사이 부족이 사는 마을로 가기 위해 새벽부터 출발하였다. 붉은 흙먼지를 가르며 5시간 동안 버스를 타고 서야 카지아도 지역의 작은 초등학교에 도착했다. 그곳에는 이미 전교생이 모두 나와 춤과 노래로 우리의 방문을 격하게 환영해 주었다. 사흘 동안 학년을 순회하며 동물 가면과 클레이(찰흙) 손거울을 만들고, 율동과 레크리에이션, 미니 올림픽을 함께하며 서로를 이해해 나갔다. 특히 서로의 얼굴에 페이스페인팅을 해 주며 깔깔 웃을 때는 순수했던 어린 시절로 돌아간 것처럼 행복한 순간들이었다. 현지 직원이 말해주기를 얼굴에 동그라미를 그린 이유가 마사이족들은 어려서 얼굴에 동그란 인장을 찍게 되는데, **"용기 있고 지혜로운 사람이 되어라."**라는 뜻이라고 한다.

케냐 마사이부족 어린이들

함께 필통을 만들면서 한 친구에게 한글로 본인 이름을 적어주었다. 낯선 문자가 신기한지 옆에 있던 아이들도 우르르 몰려와 서로 한글 이름을 적어 달라는 것이었다. 아! 세종대왕님께서 이 모습을 보셨다면 얼마나 흐뭇해하셨을까? 서로의 문화를 알아가는 그 시간이 매우 소중하고 값진 시간이었음을 다시금 느꼈다.

한국에서는 당연하다고 느꼈던 것들이 이곳에서는 전혀 그렇지 못하는 것을 프로그램을 진행하면서 깨닫게 되었다. 필기구, 노트, 칠판, 가방도 제대로 없는 열악한 환경 속에서도 배움을 위해 거친 비포장도로를 몇 시간 동안 걸어서 온다는 것이다. 어린 시절 아버지 세대에게 들었던 그런 경험들이었다. 풍족하게 살아가면서도 더 많은 것을 추구하는 우리 모습을 되돌아보며 만족滿足의 의미를 깊이 새겨본다. 돌아오는 길에 아들은 어찌 느꼈을까 궁금해서 물어보았다. 동갑내기 친구가 있어 페이스북으로 친구 맺기를 했단다. 헉! 그래 여기도 사람 사는 곳이니 염소(재산)가 많은 가족도, 인터넷도 되는 장소도 있다는 사실을 깨우치며 21세기 현실의 세계로 돌아올 수 있었다. 사람은 자신이 경험하고 아는 만큼 세상을 본다는 말이 기억난다. 말은 안 했지만, 아들도 그때의 소중함을 깊이 간직하여 마음이 따뜻한 어른으로 성장하리라 믿는다.

떠나는 그 순간까지 밝은 모습으로 두 손을 흔들며 배웅해준 아이들에게 진심으로 고마움과 감사함을 느꼈다. 그들을 조금이나마 돕기 위해 그곳을 찾았던 우리에게 오히려 더 많은 것을 느끼고 배우게 해준

케냐의 어린 친구들이야말로 우리에게 가장 큰 선물이 되어 주었다. 지금쯤 그 아이들은 잘 성장해서 케냐의 미래를 짊어지는 인재로 자라나고 있지 않을까 궁금해진다. 그렇게 아프리카의 햇살만큼이나 뜨거웠던 열정으로 보낸 사흘간의 마사이족 쿠쿠 초등학교에서 봉사활동을 마무리하였다.

2018년 여름, 이렇듯 크리스마스 선물처럼 다가온 케냐의 어린 친구들과 킬리만자로 대자연 덕분에 나의 삶에는 또 하나의 이야기가 더해졌다. 후원자들의 작은 정성이 모여 먼 나라에서 새로 태어난 생명을 살리고, 그곳의 아이들이 미래를 꿈꾸며 열심히 공부하는 모습을 직접 경험하는 것은 내 인생 최고의 경험 중 하나가 되었다. 그리고 진정한 나눔의 의미는 내 삶 속으로 스며들었다.

| 키다리 아저씨 주인공이 되다, V-POP을 꿈꾸는 소녀와의 인연 |

『키다리 아저씨』라는 미국 여류 작가 웹스터의 아동 문학 작품이 있다. 한 고아 소녀가 4년의 대학 생활을 하는 동안 이름도 모르는 후원자에게 보내는 편지 형식의 소설로 고난을 극복하고 성장하며 행복을 찾아가는 과정을 그리고 있다.

소설 속 키다리 아저씨처럼 멋진 사람이 되고 싶었던 사내아이가 있었다. 그로부터 30여 년이 흘러 그 아이는 키다리 아저씨가 되겠다는 소망을 현실로 만들었다. 케냐에서의 소중한 경험은 곧바로 해외 아동 결연 후원이라는 열매를 맺게 하였다.

우리나라의 월남 전쟁 참전으로 아픈 역사가 있는 베트남의 어느 작은 소녀와 인연이 닿았다. 생물학적 딸이 없는 관계로 이역만리에서나마 가슴으로 낳은 딸의 인연을 맺고 싶었다. 그 소녀의 이름을 밝힐 수 없어 소설 속 주인공인 '주디'로 부르겠다.

가수가 꿈인 8세의 어린 나의 주디는 양철 지붕과 벽돌, 시멘트로 지은 집에서 살고 있다. 코로나로 모든 사람이 생활에 어려움을 겪고 있지만, "악마는 항상 약자부터 잡아먹는다."라는 아마르티아 센 하버드대 교수 말처럼 언제나 고난의 최일선에는 약자인 어린이가 있다. 어느 날 주디가 편지로 마스크 세 장을 받아 고맙다는 인사를 전해 왔을 때 느꼈던 전율은 아직도 잊을 수 없다. 한때 우리나라도 마스크 대란으로 구매에 어려움이 있었다. 하지만 지금은 그렇지 않다. 인간의 욕망으로 인한 과소비 행태에 대해 스스로의 삶을 반성해 본다. 개인 간의 결연이라도 1:1로 선물을 줄 수 없다는 후원 단체의 규정으로 마을 아이들 공동체로 후원 물품을 나눈다고 한다. 나의 역할에 대한 고민이 깊어가는 하루다. 사랑과 봉사로 이기주의라는 악성 스트레스부터 자유롭고 싶다.

주디는 어려운 환경 속에서도 가수의 꿈을 잃지 않고 열심히 공부하며 춤과 노래 연습을 한다. 이 착한 어린 소녀 덕분에 나는 키다리 아저씨의 꿈을 이룰 수 있었다. 이제는 그 소녀가 성장하여 꿈을 이룰 수 있도록 도움을 주고 싶다. 매달 용돈을 모아 후원하고 정성스럽게 편지도 쓸 것이다. 코로나가 끝나면 주디가 좋아하는 BTS 브로마이드를 가지고 직접 방문하고 싶다. 나의 꿈을 이룰 수 있게 도와줘서 정말 고맙다는 인사와 함께.

이 글을 읽으시는 분들도 또 하나의 가족을 통해 성장의 즐거움과 진정한 행복을 느껴보시길 강력히 추천한다.

| 나무의 향기로 나눔의 가치를 더하다 |

코로나19라는 전대미문의 새로운 세상이 열리면서, 사람과의 교류에 단절의 시대가 도래하였다. 평소 활동적으로 사람들과 어울리기를 좋아했던 나로서는 당혹스러운 사건이었다. 위기에서 기회를 발견하기까지 오랜 시간이 걸리지 않았다.

그 계기는 바로 '우드버닝'이란 생소한 단어에서 시작되었다. 우드버닝Wood Burning이란 나무를 태워서 만드는 예술이다. 즉 불에 달군 전기인두로 나무에 그림이나 글씨를 새겨 넣는 목공예로 '인두화'라고도 한다.

나무 대신 종이, 가죽, 박 등 다양한 재료에 버닝 펜을 이용해 태워서 그림을 그리기도 한다. 10여 년 전 실용성과 작품성이 잘 조화되어 발전된 외국의 버닝을 받아들이면서 우리나라에서도 버닝아트가 알려지기 시작했다. 인두화는 조선시대부터 전해 내려오는 우리 전통공예 기법의 하나로 낙화烙畫라 부르기도 했다. 하지만 안타깝게도 명맥이 이어지지 못한 채 관광지에서 인두화라는 이름의 상품 정도로만 남아 있다.

30여 년 만의 미술 수업이라 긴장감이 맴돌았지만, 곧 배움의 즐거움으로 빠져들었다. 나무를 태우며 그 향기에 취했고, 몰입의 매력에 시간 가는 줄 몰랐다. 우리도 사람마다 생김새와 성격, 느낌이 다르듯 나무도 색깔과 성질 그리고 쓰임새가 제각각 다르다. 모든 사람은 자기만의 온도와 속도가 있다. 인생도 너무 과속하면 사고가 나듯이 버닝도 과도하게 힘을 가하면 검게 타기 십상이다. 부드러운 미소와 따뜻한 마음으로 사람에게 다가가듯 적절한 온도와 속도로 나무에 다가서야 한다. 그래야 나무가 본연의 깊은 색감과 은은한 향을 내어 준다.

한 달 두 달 차근차근 배우고 실력을 쌓아가며 초보 딱지를 걷어내기 시작했다. 이렇게 탄생한 나의 작은 창조물은 주위 지인에게 선물로 전달되었다. 농장과 과수원에는 미니 현판으로, 가정집에는 다과 도마로, 새집을 마련한 지인에게는 집들이 선물로 각각 인연을 찾아 떠나갔다. 심지어 선서화의 대가이신 부산광역시 무형문화재 성각 스님의 작품 〈억겁의 미소〉를 나무에 재형상화하여 선물로 드렸더니 환한 미소로 답해주셨다. 지난 2년 동안 그렇게 하나둘씩 떠나간 나의 분신들은 37명의 지인에게 작은 기쁨을 안겨주었다. 이렇게 '100명의 지인에게 선물하기' 프로젝트가 시작되었다.

비록 작은 재능이지만 소비적 인간에서 기쁨을 나누는 생산적 인간으로서의 재탄생은 또 다른 자아로 성장하는 것을 의미했다.

이제는 미술대전 출품이라는 두 번째 도전을 시작하였다. 소품과 작품의 차이는 넘지 못할 거대한 벽과 같았다. 앞이 보이지 않는 막막함에 좌절감도 느꼈지만, 세심하고 따뜻한 멘토의 지도하에 한 걸음씩 뚜벅뚜벅 나아갔다. 두 달간의 여정 끝에 아프리카의 최고봉인 킬리만자로산 아래 코끼리 가족이 모습을 드러내기 시작했다. 아이가 엄마 배 속에서 세상 밖으로 나오는 듯한 경이로운 순간이었다. 고난의 코로나 시기, 가족 간의 사랑으로 어려움을 극복해 나아가길 희망하는 뜻이 담긴 〈Jambo! 킬리만자로의 보물〉이 탄생하였다.

나의 노력과 애정이 듬뿍 담긴 첫 작품은 고난의 끝자락에서 잉태한 것이다. 행운의 여신은 나의 노력에 대한 보답으로 두 가지 축복을 안겨주었다. 바로 대한민국 미술전람회 대회 특선 입상 소식과 홍익대 아트센터에서의 전시회이다. 관찰자적 관점의 다른 세상이 작가적 관점의 세상으로 내게 들어온 것이다. 이건 내 인생의 거대한 혁명과도 같은 사건이다. 이제는 회원전을 거쳐 개인전 개최라는 또 다른 꿈을 그려본다. 훗날 작가라는 이름으로 재능을 선물했던 100인에게 초대

첫 출품작 전시

100人 선물 프로젝트

장을 보낼 것이다.

지난날의 소중했던 추억을 나누며 그들과 세상을 따뜻하게 녹여내고 싶다. 신대륙의 황금 다리를 건너는 길은 엄청난 고통이 따르겠지만, 포기하지 않는다면 꿈은 이루어지게 될 것이다. 이것이 그동안 걸어온 인생이 가르쳐 준 삶의 지혜이다.

실패를 두려워하지 않고 도전 자체만으로도 즐길 수 있는 것은 40대 중반이라는 세월이 준 여유이다. 이는 잘 숙성된 와인처럼 깊은 향과 맛을 선사한다.

나의 멘토인 미술 선생님은 우드버닝을 이렇게 정의했다.

"버닝은 태워서 나를 찾아가는 과정이다. 나무 위 겹겹이 쌓인 이야기 위에 인두로 진하게 태워 그려내는 가장 자연적이고 따뜻한 작업이다."

나에게 우드버닝은 뭘까?

또 다른 세상과의 만남이자 사랑을 전달하는 메신저가 아닐까?

나눔의 즐거움과 진실한 가치만 함께한다면 나의 긍정 에너지는 무한히 발산될 것이다.

LESSON 5

에필로그

"독서가 앉아서 하는 여행이라면, 여행은 걸으면서 하는 독서이다." 라는 말이 있다. 인생이라는 긴 여정에 있어서 독서와 여행은 뗄 수 없는 반려자와 같다. 독서를 통해 한 사람의 사유를 탐험하고, 여행을 통해 또 다른 세상으로 나아간다.

또한, 그리스도교 철학자인 성 아우구스티누스는 이렇게 말했다. "세상은 단 한 권의 책이다. 여행하지 않는 사람은 그 책의 단 한 페이지만을 읽을 뿐이다."

청년들에게 꿈을 꾸라고 말하지만, 꿈을 꾸는 것만으로는 충분하지 않다. 꿈을 이룰 모험이 필요하다. 꿈을 찾아 떠나는 돈키호테처럼 모험의 세계로 나갔다.

서든 알프스산맥 스카이다이빙, 히말라야산맥 안나푸르나 등반, 남해안 요트 항해, 바닷속 스킨 스쿠버 다이빙을 통해 하늘, 산, 바다를 누비고 다녔다. 또한, 뉴질랜드 밀포드 트래킹, 세계 최초 상업 번지점프대에서 점프, 몽골 초원에서 말 달리기, 아프리카 사파리 여행까지 최고의 경험으로 인생을 배워 나갔다.

이런 도전과 경험을 통해 넓어진 시야와 깊어진 태도가 스며들며 성장하였다. 그러한 소중한 경험이 나의 삶의 가능성을 확장하기 때문이다. 이런 확장성은 내가 가고자 하는 길에 밑거름이 되어 줄 것이다. 사람들에게 좋은 영향을 주고, 조직에 변화를 불러오고, 더 나은 세상을 만드는 데 도움을 주는 것, 그것이 내게 주어진 길이다.

순수시인 천상병은 〈귀천〉이라는 시를 통해 인생을 이렇게 표현했다.

나 하늘로 돌아가리라.
아름다운 이 세상 소풍 끝내는 날,
가서 아름다웠다고 말하리라.

그렇다. 나에게 있어서 인생이란 가을 소풍과도 같다. 우리는 치열한 삶의 현장에서 바위틈에 숨어 있는 행복을 찾아 아등바등 살아간다. 하지만 인생에 있어서 행복은 그리 멀지 않은 곳에 있다는 것을 불혹의 나이가 되어 깨달았다.

짧지만 아름다운 가을 소풍이 끝나기 전에 많은 이들에게 웃음을 듬뿍 전해주고 싶다. 인생의 길목에서 우연히 만난 불행과 어려움으로부터 손을 내밀어 도와주는 것이 대한민국 경찰의 숙명이자 40대 키다리 아저씨의 운명이라 믿는다.

여기가 어디쯤인지 알 수는 없다.

다만 아직도 가야 할 길이 남아 있고, 길이 있기에 멈추지 않는다.

오늘도 나에게 주어진 길을 걸을 것이다.

더 나은 세상을 만들기 위한 제복 입은 키다리 아저씨의 도전은 오늘도 계속될 것이다.

PART 3

내가 낸 세금으로 월급 받는 공무원이잖아

김재환

Mobile 010-3323-1610
Email hope3040@naver.com

학력 및 경력사항 /

- 고려대 명강사 최고위과정 15기 공저부 회장, 감사위원장
- 아주대 공공정책대학원
- 경기도청, 성남시청
- 장기 요양기관 평가자문위원회 위원
- 대한토지보상(주)(현)

강의 분야 /

- 사회복지, 일반행정 분야
- 노인복지 분야

자격 사항 /

- 사회복지사 1급(보건복지부장관), 사회복지사 2급(보건복지부장관)
- 요양보호사(경기도지사)
- 교원자격증(2급)(교육부장관)
- 명강의 명강사 1급, 리더십지도사 1급, 인성지도사 1급, 스피치지도사 1급, 부모교육상담사 1급(한국상담협회)
- 평생교육강사자격 1급, 노인교육강사 1급(한국교육강사연합회)
- 행정사(행정자치부)

수상 경력 /

- 포장증(대통령)
- 모범공무원(국무총리)
- 국토해양업무발전(장관)
- 아동복지(도지사)

저서 및 논문 /

- 명강사 25시(공저)
- 출산장려정책 체감도에 관한 연구(수원시 관내 어린이 학부모 중심으로)

LESSON 1

땡! 출근 땡! 퇴근

"너 내가 내는 세금으로 공무원 월급 받고, 세금만 먹는 하마잖아.", "공무원 너무 편하지 않니? 땡! 출근, 책상에 앉아 있다가 하루 일과 때우고 땡!, 땡! 퇴근하잖아."

친구야! 나도 너와 같은 생각을 했었거든. 그래 대부분 그렇게 말하는 경우가 있지. 하지만, 공무원도 부서마다 하는 일이 다르고 사람마다 성격이 서로 같지 않아. 공무원 근무는 외부에서 보는 것과 참 많이 차이가 있어. 다양한 분야에서 일하기 때문에 직접 업무를 안 해 본 사람들은 느낄 수 없어. 물론 누구나 각자 분야의 일이 있어서 우리가 다 알 수는 없지만 말이야. 내가 한번 나의 공무원 생활에 대해 이야기해 줄게. 내 이야기를 듣고 공무원에 대한 너의 생각이 조금은 바뀌었으면 좋겠어.

LESSON 2

공무원들…
세금만 먹는 하마라고!

공무원에 합격하고 시청市廳 발령을 기대했는데 동洞사무소(現, 행정복지센터) 발령이 나더라고. 네가 말한 것같이 나도 공무원들이 세금만 먹는 하마인 줄 알았고 땡! 출근, 땡! 퇴근하는 줄 알았어. 근데 있잖아, 동사무소, 구청區廳, 시청市廳, 도청道廳에 근무해 보니 내 생각이 틀렸다는 것을 깨달았어.

동사무소의 주 업무는 주민들과 소통하며 가장 밀접한 행정을 하는 주로 현장 행정이 많고, 적게는 사무실에서는 행정 업무와 민원 발급 업무를 수행해.

다양한 현장 업무 중 하나는 대청소의 날을 정해서 아침 일찍 출근한 전 직원들이 동사무소 관할 주변에 버려진 쓰레기를 줍거나 쌓인 쓰레기를 봉투에 담아서 치워. 만약 골목길에 쓰레기가 한번 쌓이게 되면 그곳은 항상 쓰레기가 산더미같이 쌓이거든. 이상하게 지저분했던 곳은 치워도 치워도 항상 쓰레기가 버려져 있더라고. 버리지 말라는 푯말을 붙여 놔도 소용이 없어. 정말 화가 났지만, 만약 쓰레기를 안 치우고 내버려 두면 민원이 들어와. 게다가 신속히 처리하지 않으면 상급기관에 민원을 제기해. 상급기관은 민원인들의 요구에 따라 동사무소 직원들에게 빨리 처리하도록 지시하고 조치 결과를 보고하도록 하지. 상급기관의 지적이 잦아지면 개인 근무 평정이나 동사무소별 평가 시 낮은 점수를 받게 돼. 그럼 낮은 성과급뿐만 아니라 불이익을 받게 되지. 참 이상해! 본인들이 쓰레기를 버리고 치워 달라는 것 말야. 왜?

여름에 장마가 시작되면 비상이야. 사무실에서 밤샘 비상대기지. 비상대기 중 긴급한 상황이 발생하면 바로 현장 출동이야. 장대비로 인해 하수관이 빗물을 받아치지 못해 변기로 똥물과 오물들이 역류해서 콸콸 방 안으로 치솟아 들어와. 가져간 비상 대비 장비와 펌프로 조치를 취하지. 혼신의 힘을 다해 해결하면 일부 피해 민원인은 공무원들이 하수관을 불량으로 공사를 해서 그렇다, 폭우를 대비하여 사전조치를 안 했다, 비 피해 대비를 안 했다 하며 불만을 표출하지. 그럼 정말 최선을 다했는데 맥이 쫙 빠지지.

겨울에도 비상대기가 있어. 마찬가지로 눈이 와도 밤샘 비상대기가 있거든. 낮에는 차가 많이 다니기 때문에 눈이 녹아 다행이지만, 밤새 눈이 오면 트럭 짐받이에 탄 직원들이 눈을 맞으며 동내 안길, 언덕길,

취약한 도로에 염화칼슘과 모래를 뿌리지. 이렇게 뿌려야만 아침에 주민들이 안전하게 출근을 할 수 있어. 만약 염화칼슘이나 모래를 뿌리지 않으면 전화가 빗발쳐. 어떤 때는 쌍욕을 하는 사람도 있고.

어렸을 때를 생각해 보면 자동차가 안전하게 고갯길을 넘을 수 있도록 꼭 모래가 뿌려져 있었어. 그땐 군인 아저씨들이 모래를 뿌린 줄 알았어. 그런데 그게 아닌 것을 이제야 알았어. 그것들은 밤새 공무원들이 뿌린 모래라는 것을.

LESSON 3

밤의 역사!
밤의 고통!

너 알지 모르겠다, 공무원들은 일과 후 당직 근무라고 있어. 당직은 3명 또는 4명이 근무하지. 당직 날 밤사이 관할 지역 내에 아무 이상 없이 지나면 행운의 날이라고 하지. 당직 근무를 하면 마음속으로 기도해. 오늘도 관할 지역 내에서 화재가 나지 않고 노숙자가 나타나지 않도록 바라지. 화재가 나면 화재 현장에 가서 사건 내용을 조사하여, 상급기관에 보고해야 하고, 또한 노숙자가 발견되면 모셔와 당직실에 재우던지 노숙자 쉼터에 연락하고 모셔다드려야 해. 어떤 때는 행패도 부리고 쌍욕도 하고 난리가 날 때도 있지. 이런 일이 있을 때는 밤을 꼬박 새우거든. 문제는 그 다음 날이지. 규정은 오전을 쉴 수 있는데 일이 많으면 쉬지 못하고 업무를 해야 하거든. 그래서 더욱 피곤해. 현재는 당직을 하면 다음 날 하루를 쉴 수 있어서 아주 좋아졌어. 참 다행이라고 생각해.

또한 쓰레기와의 전쟁도 해. 상습적으로 한 장소에 끊임없이 불법투기하는 사람을 잡기 위해 날짜를 잡아 잠복근무 단속을 할 때가 있어. 마치 범인을 잡는 형사처럼 말이야. 이럴 때는 차량, 비디오카메라, 손전등, 방어봉을 준비해 가야 해. 앞에서 말했듯이, 지저분하게 쓰레기가 많이 쌓인 곳에는 또다시 쓰레기를 버려. 이런 곳은 흐릿한 조명등이 있어야 해. 그래야 버리는 주민을 잡을 수 있거든. 이곳 근처 주변에 잠복조 2인 1조로 차 안에서 쓰레기 버리는 주민이 나타나기를 기다려. 밤 11시쯤 검은 봉지를 든 할머니께서 나타났어. 할머니께서 쓰레기를 버리는 순간에 막 뛰어가서 "이것 버리셨죠?" 했더니 기겁을 하시고 봉지를 얼른 주워 가지고 반대 방향으로 가시는 거야. "집이 어디세요?" 물으니, 더 빠른 걸음으로 가시는 거야. "할머니 집 반대쪽 아닙니까?" 했더니 "며느리가 알면 혼나!" 하며 주변을 계속 뱅뱅 돌면서 집에 가시지 않더라고. 집을 찾아야지 주소와 신상 명세를 확인하여 과태료를 부과할 수 있거든. 하지만 한참 지나도 할머니가 집으로 돌아가지 않아 할머니께서 겁먹고 큰 사고라도 날까 봐 더 이상 집을 찾지 않기로 했어. 앞으로 버리지 마시라고 주의를 주고 다시 제자리로 돌아왔어. 하지만 단속 근무는 계속되었지.

시간이 흘러 새벽 4시쯤 됐으려나? 젊은 남자가 나타나더니 봉투를 버리더군. 쫓아가서 "이 쓰레기 버리셨죠?" 했더니 방금 버리고도 "내가 버린 것 봤어? 근거 내놔 봐!"라고 발뺌하며 오히려 따지는 거야. 황당하지? 그래서 비디오카메라로 촬영한 것을 보여 줬더니 그제야 본인이 맞다고 하더구먼. 근데 뭐라고 하는지 알아? "남들이 다 버려서 버렸어요! 이런 건 정부에서 치워줘야 하는 것 아니에요? 어이가 없네요! 내가 세금 내는데 당연히 치워 줘야지! 지금까지 일하고 왔는데 그럼 이 쓰레기 어디다 버려요?" 하며 본인 잘못을 인정하지 않는 거야. 과태료를 부과하기 위해 신분증을 보여 달라고 해도 없다고 하고, 주소와 이름을 물어봐도 모른다고 하고, 한참을 옥신각신하다 앞으로는 쓰레기봉투에 담아서 버리라고 주의를 주고 보냈어. 더 그랬다간 싸움이 날 것 같아서 말야.

이후로 이런 것을 예방하기 위해 감시카메라를 설치해서 단속을 강화하고 있어. 다른 시市는 화단을 만들거나 화분을 가져다 놓는다고도 하더군.

LESSON 4

이런 일도 있구나! 하하! 나도 웃겼어

하루는, 대청소하는 날에 있었던 일이야. 새벽에 출근해서 직원들과 쓰레기를 줍고 있었어. 사실 누가 새벽부터 쓰레기를 치우는 사람들이 동사무소 공무원인 줄 알겠어. 어떤 아이 엄마가 우리를 손짓하며 "열심히 공부해야 한다. 저 사람들 봐라. 아침에 나와서 담배꽁초 줍고, 지저분한 쓰레기 청소하는 사람들. 너는 저런 쓰레기 청소하는 사람이 되지 않도록 해야 해. 알겠지?" 이런 이야기를 들었을 때 솔직히 기분이 좋지 않았어.

만약 그 아이 엄마가 쓰레기 줍고 청소하는 사람들이 공무원인지 알면 어땠을까? 과연 그런 말을 했을까? 저런 쓰레기 줍는 사람같이 되지 말라고….

IMF 이후 공무원 시험에 합격한 직원들은 몇백 대 일의 경쟁을 뚫고

들어왔어. 한때 공무원 채용을 많이 줄였거든. 그 와중에 합격한 공무원을 둔 부모들은 무척 자랑스러워하셨어. 민원대에서 주민등록초본, 등본, 인감을 발급하는 신입 직원이 하루는 멋쩍은 웃음을 띠며 이야기하는 거야. 이 직원의 친척분(고모)이 민원서류를 발급하러 오셨는데 깜짝 놀라면서 "너 여기 근무하니? 너희 부모님이 시청에 근무한다고 하던데…."라고 의아해하시며 가셨대. 집에 가니 부모님께서 오늘 고모가 너 진짜 공무원 된 것이 확실하냐고 물어보더라나.

현재 동사무소 근무자는 다 공무원이야. 아주 옛날에는 일용직도 있었지. 조직 체계를 잘 모르는 주민들은 시청에 근무해야만 공무원이고 동사무소 근무자는 공무원이 아닌 줄 알거든.

LESSON 5

막무가내 유형의 민원인 행동

상가는 건물을 임대하고 영업을 하며 수입만큼 세금을 내고 운영을 하잖아. 그런데 무허가 업체들이 강변 빈터에 허가를 받지 않고 100여 개 가판대를 설치하여 영업 행위를 하려는 거야. 주변 상가들의 반발이 심하고, 쓰레기도 발생하고, 하천 오염도 발생할 뿐만 아니라, 교통 체증도 심해지지. 이런 다양한 문제들이 발생하여, 장사를 못 하게 막았었어.

그런데 무허가 업체 몇 명의 사람들이 청사에 들이닥쳐 강철 지팡이로 유리창을 깨부수고, 힘깨나 쓰는 남자는 LPG통을 어깨에 메고 가스라이터에 불을 붙여 청사를 폭파하겠다고 하고, 어떤 한 장애인분은 소변 받는 주머니의 소변을 마구 뿌려대고 난리였었지. 공무원들이 방어를 할 수 없는 상황이었어. 결국 경찰이 출동하여 연행함으로써 마무리가 되었어.

무허가 업체들을 인정하게 되면 주변 상가에 많은 피해가 있어. 그래서 방치하면 주변 상가에서 우린 세금을 내고 장사를 하는데 누구는 세금을 안 내고 장사를 한다고 많은 민원제기를 하지. 법규를 지키며 영업을 하시는 상인을 보호해야 해. 이런 것들을 예방하는 것이 공무원의 역할이 아닌가 생각해.

LESSON 6

좋은 민원, 나쁜 민원, 이상한 민원

"업무를 하는 중에 다양한 민원이나 민원인들에게 어떻게 대처했는지 말해줄 수 있어?"

그래, 여러 사례가 있지만 대표적으로 세 가지를 말해 줄게.

첫째, 규정에 맞지 않는 민원 업무 제출 후 처리해 달라고 하는 민원인이 오셨을 경우야. 참 난감하지. 하지만 관련 법령에 따라 처리 안 되는 것을 설명해주고 처리될 수 있는 해결점을 찾고 방법을 자세히 설명해주지.

둘째, 담당실무자가 알지 못하는 업무를 상급자의 업무 지시로 내려오게 하는 민원 업무야. 내심 기분이 안 좋고 당황스럽지. 준비되지 않은 지시 민원 업무 처리니까. 그래서 모든 것에 신중을 기하고, 법령 또는 지침에 적합한지 철저히 검토하지. 상급자가 지시했다고 하여 철저히 검토하지 않고 처리하게 되면 안 된다고 생각했어. 또한 후에 문제 발생 시 책임이 야기되는 경우도 있고.

셋째, 사무실에 찾아와 쌍욕이나 폭행을 가하는 민원인들을 상대할 경우야. 직원들이 긴장하지. 관련 담당자가 조심스럽게 접근하여 자세한 이야기를 들어주도록 노력하여야 되고, 폭행을 하면 최대한 방어를 해야 해. 화가 난다고 고성을 지르거나 불쾌하게 일 처리를 하면 절대 안 되고 방어하다가 상대방을 건드리지 말아야 해. 약간만 건드려도 "공무원이 나를 폭행했어! 고발할 거야!"라고 고함을 지르며 난리 칠 때도 있고, 벌러덩 누워서 움직이지도 않고, "내 말 안 들어 줄 거면 그냥 나 죽여라!" 하고 있지. 대체로 이런 분들은 약간의 시간이 흐르면 서서히 화가 풀리기도 해. 그럼 부서의 대표자가 차나 음료수를 드리고 말씀을 나누자고 제안하면 민원인은 응대하고 마음의 안정을 찾아. 자세한 이야기를 들어주고 해결점을 찾지. 결국에는 좋은 해결점을 찾게 되는 경우가 많아.

"그럼 저렇게 해결하기 힘든 민원 업무나 상대하기 힘든 민원인들만 계시는 거야?"

마냥 이상하고 나쁜 민원인들만 있는 것은 아니야. 좋으신 분들도 많았지.

첫째, 민원을 넣을 때 실무자를 제일 먼저 찾아오는 민원인이야. 실무자가 제일 많이 업무를 알고, 법률과 지침이 바뀌면 새로운 정보를 알고 있다는 것을 믿기 때문이지.

둘째, 실무자의 의견을 충분히 믿고 민원을 처리하려고 하는 민원인이야. 그럴수록 실무자도 민원인이 원하는 해결책을 더 빠르게 찾을 수 있게 돼.

셋째, 민원 관련 입건 서류를 순서에 따라 깨끗하게 잘 정리해온 민원인이야. 잘 정리된 서류를 가져왔을 때, 신속하게 민원 처리가 되고 시간 절약이 돼. 이런 경우도 아주 좋지.

LESSON 7

참 힘들어!
공무원 그만둘까?

오수처리시설(분뇨와 생활하수를 모두 정화하는 방식)과 단독정화조(분뇨만 정화하는 방식)를 통상 정화조라고 하고 이런 시설들을 관리하는 업무를 담당했었어. 공직생활을 하면서 이때가 제일 힘들었던 시기 같아. 사표를 써서 책상 서랍에 넣어두었다가 여차하면 사표를 내려고도 했지.

처음엔 정화조라는 것이 무엇인지도 몰랐어. 알고 보니 대소변을 정화해주는 시설이더라고. 이 시설은 각 건물마다 반드시 설치해야 해. 건물의 면적 대비 사람의 인원을 대입하여 배출 처리 능력을 산정한 결과로 정화조를 설치하지.

신축 허가 시, 앞에 말했던 방식대로 정화조에 대한 산정을 하고, 건물을 증축하거나 음식점을 개업할 때도 정화조 용량을 재산정해야 해. 특히 음식점, 호프집은 산정 용량이 많아 기존에 설치한 정화조 용량이 모자라면 추가로 설치해야 하거든. 반드시 설치를 할 수밖에 없어. 정화조 용량이 부족하면 정화되지 않은 오염물이 하천으로 흘러가 악취가 나고 수질오염이 발생한단 말이야.

신설이나 재설치할 정화조의 용량에 맞는지 서류를 검토한 후에 현장에 가서 규정대로 설치하였는지 확인해야 해. 많은 수를 감당하기 힘들었어. 그리고 악질 민원, 억압, 뇌물로 더욱 고통스러웠고….

룸살롱 개업을 위해 실내 인테리어를 이미 다 설치해 버린 뒤, 허가를 내달라고 했어. 하지만 정화조 용량 부족으로 불합격을 줬더니 덩치가 무시무시한 3명의 남자들이 허가를 해달라며 위협을 하는 거야. 엄청나게 겁이 났었지.

어떤 때는 사무실로 전화를 해서 쌍욕부터 시작해. "너 그렇게 살지 마라, 밤길 조심해라." 겁나고 무서워, 전화를 끊으면 다시 전화가 계속 오는 거야. 영업을 위해 많은 경비를 투자하여 실내장식을 했는데, 정화조 허가가 나지 않으니 죽을 맛이지. 또한 증설할 정화조를 돈을 받고 허위로 설치 허가를 해주었다고 하며 감사실에서 나와 증설 정화조 설치 현장을 확인하고 이상이 없으니까 가더라고. 감사실에서 나오면 우선 잘못한 것 같고 정말 긴장돼. 괜히 죄지은 것 같고….

또한 정화조 설치비도 만만치가 않거든. 정화조를 증설할 장소가 없어 답답할 때도 있어. 그 사람들은 담당자가 그냥 상황 봐서 적당히 해주면 되지 않냐고 말해. 나는 우리 후손을 위해 자연을 보호하고 수질을 보호해야 한다는 사명감이 있었어. 건물 사용 용도에 따라 오물 발생 처리 대상 인원을 대입한 결과에 부적합하여 허가 조건이 안 되는 민원은 안 된다고 확실하게 했지.

이런 일도 있었어. 정화조 설치 대행업자가 정화조를 설치했다고 방문했지. 가져온 서류를 보니 전임 공무원이 산정한 것이었어. 용량 산정도 있고 설치 장소도 있었지. 정화조 설치현장을 방문해 보았더니, 이상하게 도면과 설치 장소가 다른 거야. 섬유강화플라스틱(FRP) 정화조가 외부 1층 위에 설치되어 있고, 정화조 위에는 지붕이 있더라고. '거의 다 땅에 묻는데 땅을 파기 어려워서 그랬나? 흠… 오죽하면 여기 다 설치했겠어.'라고 생각했지. 그런데 아무리 봐도 설치한 것이 좀 오래된 것 같은 거야. 더 유심히 봤더니 정화조와 연결한 파이프가 약간 녹이 슬어 있었어. 너무 이상해서 정화조 안을 보니 사용한 흔적 없이 빈 통이었어. 대개 새로 설치하면 오수가 꽉 차 있고 대변과 일부 휴지가 둥둥 떠 있어. 그래서 엄청난 악취가 풍기지. 의아한 마음에 "왜 아무것도 들어 있지 않고 빈 통인가요?"라고 물어보니까 답을 못 하는 거야. 이러시면 안 된다고 하고 허가할 수 없다, 더 보완하고 사용할 수 있도록 설치하라고 했지. 며칠이 지나고, 그 대행업체가 찾아온 거야. 옆에 찰싹 앉더니 제발 허가해달라고 조르더라고. 정확하게 화장실과 연결해 놓으시면 해 드린다고 했어. 그랬더니 갑자기 책상 서랍을 열고 편지 봉투를 놓고 가는 거야. 너무 놀랐지. 얼른 편지 봉투를 가지고 쫓아가 돌려주면서 정확하게 재설치하고 허가 신청하면 승인하겠다고 했지. 그 후 나타나지 않았어.

가만히 생각해 보면 인사이동으로 새로운 업무를 잘 모르니까 이 틈새를 노렸던 거지. 마침 내가 인사이동으로 얼마 되지 않았을 때거든. 이 시설은 음식점을 하려고 증설을 했는데 이전에 불합격을 맞은 것 같아. 주인이 답답해서 업체에 의뢰한 거지. 업체가 확인하니 이미 설치되어 있고 적당히 허가 받으면 쉽게 돈을 벌 수 있겠다 생각했던 것 같아. 마침 담당자도 인사이동을 한 지가 얼마 안 되고 하니까 잘 모를 것 같으니 주인에게는 업체가 책임지고 해결해준다고 했겠지. 지금 생각하면 그때 뚜껑을 안 열어 봤으면 어떻게 됐을까? 아마도 이번 담당자에게는 돈을 많이 주면 허가를 잘 해준다고 소문이 났겠지? 그럼 내가 책상 서랍에 넣어둔 사표를 써 보지도 못하고 파면을 당하지 않았을까? 허허.

신축 건물의 정화조 신설과 대개 음식점 증설 시설 현장 확인은 하루 최소 6개 이상이었지. 하루 일과 중에 아침에는 용량 산정, 오후에는 신설 및 증설한 시설 현장 확인을 하는데, 현장 점검은 더욱 어려움이 많았지. 정화조를 일일이 뚜껑을 열어 봐야 하며, 여는 순간 심한 악취가 나고 화장실에서 배수된 소변, 대변, 휴지 등이 차 있어. 비위가 너무 상하지만 정화조가 파손되지 않았나 자세히 보아야 해. 기성 제품인 섬유강화플라스틱 정화조는 땅에 묻을 때 뚜껑 부위가 깨지는 경우가 종종 있거든. 그럼 후에 똥물이 새서 땅으로 스며들기도 하고 냄새가 진동하지. 그러면 사용하는 사람들의 불만이 엄청나. 토질 오염도 발생하고. 그래서 철저하게 점검하고 허가를 해야 한다고 생각했어.

정확한 용량 산정, 악취 나는 현장 확인, 악질 민원, 언어폭력, 쉴 틈 없는 업무의 연속, 쌓이는 스트레스 때문에 머리가 너무 아프고, 머리카락도 많이 빠졌어. '과연 이 일을 계속해야 할까?', '책상 서랍에 있는 사표를 그냥 확 내 버릴까?' 하지만 지금 생각하면 나도 멍청했어. 힘들면 업무를 분담해달라고 그럴걸. 그때는 나에게 업무가 주어지면 죽으나 사나 내 업무라고 생각하며 끝까지 했어. 힘들고 어렵다고 하소연하면 내가 무능력하게 보일 것만 같았거든.

LESSON 8

민원인의 입장이 되어 보자!

운이 좋게도 힘들었을 때 도로를 건설하는 부서로 옮기게 되었어. 신설 도로 건설을 위해 토지를 취득하는 토지 보상 업무였지. 업무를 파악해 보니 도로 신설을 위해서 많은 예산이 들더라고. 도로 건설을 위해서는 우선 토지, 건물, 나무 등을 평가하여 현금으로 보상해야 했어. 보상이 늦어지면 공사가 늦어지는 거야. 그래서 보상 업무가 중요해. 도로에 편입된 토지를 바로 협의해 주면 소유자에게 현금으로 입금해 주지. 그러면 시의 땅이 되는 거야, 반대로 협의를 안 해 주면 협의해 줄 것을 지속적으로 요구해. 대개는 토지에 대한 감정가격이 낮아서 협의를 안 해 주는 것도 있지만 특히 나무에 대한 평가가 안 되어 협의를 안 해 주는 경우이지. 도로 건설 설계 시, 편입되는 토지 위의 나무에 대해 사전 조사 당시와 현재의 나무가 있었나, 없었나 비교 확인하여 사실 유무를 따져 봐야 해. 이상이 없으면 토지와 기존 나무, 추가된 나무를 포함하여 인정해 주지. 재조사할 때 나무들이 보상에 반영될지 토지 소유자들은 걱정했는데 바로 조치하고 보상을 해 드렸더니 무척 고마워했어.

'왜 조사 당시 나무를 철저하게 조사하지?'라는 의문이 들 거야. 나무는 이전비를 주어야 해. 그래서 용역조사자들은 가치가 없는 것 같은 나무를 전체에 포함하여 계산을 해. 반면에 토지 소유자는 나무마다 중요성을 주장하고. 이런 차이가 있기 때문에 협의가 지연된다고 볼 수 있어. 그래서 후에 새로 도로 건설을 위해 사전에 조사한 설계서가 들어오면 나는 그분들의 마음을 헤아려서 미리 설계서를 가지고 현장에 가서 하나하나 대조하고 확인을 했어.

세월이 흘러 새로운 근무지에서 어떤 분이 나를 알아보고 반갑게 인사를 하는 거야. 그때 보상 받은 소유자였어. 감사했다고 말씀을 하시더라고, 그래서 공무원들은 민원인의 입장에서 작은 것도 신경 써야 하는구나 깨달았어.

LESSON 9

또다시 찾아온 고민, 공무원 계속해야 하나?

봐봐! 정말 열심히 근무한 것 같지 않니? 그런데 다른 직장도 마찬가지이겠지만, "진급"에 관심이 많잖아. 그런데 내 나이 사십이 넘었고 희망이 보이지 않더라고. 게다가 나보다 나이가 적은 동료가 직급이 높으니 더욱 괴로웠어. '과연 공무원을 계속해야 하나?' 갈등이 생기더라고.

이런 고민이 있는 와중에 토지 보상 업무 중 많은 감정평가사들을 만났어. 젊은 층부터 장년층까지 다양한 나이의 감정평가사들이 있었지. 정년이 없는 직업이라 하니 솔깃한 마음에 나도 감정평가사 공부를 시작했어. 일부 과목은 다행히 예전에 공부한 것이 있어 해볼 만하다고 생각했지. 다행이었고. 시간을 내서 틈틈이 공부했지만, 근무하면서 감정평가사 시험 준비를 하기에는 정말로 힘들더라고. 그리고 항상 마음속 한편에서는 인허가 업무가 아닌 광역적 프로젝트를 추진하는 업무를 하고 싶었어. 지방자치단체의 상급청인 도청으로 갈 수 있고, 그러면 "진급"도 빨라지거든.

하지만 시에서는 거의 진급될 희망이 보이지 않았어. 여기서는 최대한 노력해 봤자 간신히 6급 팀장으로 끝날 수밖에 없거든. 지인들도 "도청은 시보다 진급이 빠르고, 광역업무도 할 수 있어."라고 말해주지. 그러나 자격 조건이 안 되는 거야. 나이 때문에….

예전 부서의 상사이신 과장(사무관)님과 소주 한잔하는 자리가 있었어. 과장님의 친구들은 진급이 진짜 어려우니까 "그냥 6급으로 마무리하기로 마음먹었다."라고 말씀하셨어. 그 말을 듣고 '진급이 어렵나 보다.'라고 생각했지만 나는 다짐했어. 사무관(5급)으로 정년을 마칠 거라고. 그리곤 친구들에게 항상 말하고 나 자신을 믿어 보았지. 그 후로 난 감정평가사 시험 준비는 나중에 하자라고 마음 한구석으로 밀어두었어. 그리고 사무관(5급)이라는 목표를 향해 달려갔지.

시간이 흘러 항상 책임감을 갖고 일할 뿐만 아니라 공부도 열심히 했어. 딸아이는 아빠 엉덩이랑 의자랑 붙은 것 같다나 뭐라나 허허.

그랬더니 적지 않은 나이에도 불구하고 도청으로 가게 되었고 결국 내가 원하고 원하던 사무관이 됐어! 난 정말 기뻤고 나 자신이 자랑스러웠어. 반면 6급으로 마음먹은 많은 동료들은 정말 6급 팀장으로 정년을 마쳤어. 마음가짐이 참 중요한 것 같지 않니? 하지만 너도 하고자 하는 것이 있다면 굳게 마음먹고 자신을 믿어 봐!

LESSON 10

눈이 반짝!
내게 주어진 행운의 열쇠!

지성이면 감천이라고 기가 막힌 반전의 기회가 왔어. 우연히 보게 된 공문 내용이 나의 운명을 바꾸는 사건이 된 거야. 평소 공람할 수 있는 도청 전입 공문이 있으면 보지도 않고 관심도 없었지. 그러던 어느 날, 출장을 갔다 와서 도청 전입 공문을 보게 됐어. 무심코 봤더니 나이 제한이 없더라고. 혹시 오타가 난 것이 아닌가? 앞뒤 전체를 보아도 맞더라고. 도청 인사과로 문의해 보니 확실하게 없어졌다고 하는 거야. 마음이 홍분되더군. 마지막 행운의 열쇠, 기회가 왔어. '감정평가사 공부는 다음에, 우선 도청 시험을 보는 거야.' 자격 조건도 되고. 시험과목은 행정법과 일반상식. 응시원서를 접수하고 시간 있을 때마다 책을 봤지.

시험 보는 날 왜 그리 떨리는지… 마음속으로 '마지막 시험이다. 나에게 행운이 왔으니 잡아야 한다.' 시험지를 받고는 멍해졌고 너무 떨

렸지. 하지만 정신 차리고 하나하나 풀어 갔어. 다행히 공부한 것이 제법 보이는 거야.

시험 발표하는 날, 합격자 발표 명단을 보기 위해 컴퓨터 모니터 앞에 앉았어. 다리가 후들후들 떨리고 손에서 진땀이 났어. 두 손을 모아 기도했지. 이번만은 꼭 합격하길…. 심호흡하고 떨리는 손으로 키보드 자판을 눌렀어. 그리곤 다시 한번 호흡을 가다듬었어. 발표 공고를 보는 순간 [1000001 김재환]이 있는 거야! 힘이 쭉 빠지더라고. 멍하니 한참 있다가 정신을 차리고 다시 보았지. 지금까지 시험을 많이 보았지만, 마지막이라는 긴장감, 부담감 때문에 이번만큼 떨고 긴장한 적은 없었어.

2차 면접시험은 1차 필기시험과는 달리 차분하게 치르고 최종 합격을 했어. 이날 부모님과 가족끼리 축하 파티를 했어 너무 좋았거든.

LESSON 11

원하던 길!
꼭 해 보고 싶은 길!

"축하해! 그럼, 도청에 와서 어떤 업무를 했는데? 그리고 네가 그렇게 바라던 진급은 했어?"

어떤 일을 했는지 대표적인 두 가지 사업을 말해 줄게. 첫 번째는 도청으로 전보 받은 후 대중교통과 발령을 받았어. 직원도 많고 업무가 시청의 2배 이상 되는 거야. 행정감사, 국정감사를 준비하는 자료가 바인더 2개 이상이었거든. 업무를 기획, 추진하고 대규모 프로젝트도 많아서 굉장히 역동적이었고 광역적이었어.

도에서 추진한 수도권 통합요금제가 끝났으니, 백서를 만들라는 거야. 당황스러웠지. 내용도 전혀 모르고 자료는 또 어디에 있는지… 앞이 캄캄하더라고, 하지만 추진해야 했어. 그래서 우선 계획을 세워 목

차를 정하고 자료도 취합했어. 직원들이 각자 가지고 있는 자료와 사진도 찾아보고 없으면 현장 가서 사진도 찍고, 초안 작업을 했어. 게다가 대중교통 역사의 기록이 없어서 새롭게 써야 했어. 문서 보관 서고에서 찾고, 버스회사에서 조언도 받고, 연도별로 보관된 신문에서도 찾아보았지. 힘들게 역사는 정리가 되고 몇 달간의 작업 끝에 백서 초고가 나왔어. 백서 초고를 가지고 출판 및 교정, 교열, 윤문을 겸하는 회사와 입찰 후 계약을 했지. 그런데 알고 보니 열악한 회사였어. 계약 기간이 다 가오는데 요구한 백서 임시안이 나오지 않는 거야. 계약 기간은 거의 다 가오는데 백서 임시안을 검토할 수 있게 가져오라고 매일 재촉하였지. 결국 직접 대표도 만났지. 마지막으로 백서 임시안 책자를 납품 기한 5일 남겨 놓고 가져온 거야. 정말 황당했어. 그리고 너무 촉박했지. 수차례 검토한 후 수정안을 가지고 납품 기한 3일 전에 아침 일찍 회사로 찾

수도권 통합요금제 백서

아갔어. 직원을 만나 수정과 보완을 함께 계속했어. 다음 날 아침까지 꼬박 밤을 새우고 작업을 마무리한 거지. 아마 그 직원도 무척 힘들었을 거야. 그리고 드디어 백서를 출간했어. 책자가 나오니 멋져 보이더라고. 그렇게 출간된 백서를 도청 내 시청, 군청, 시·도 관련 부서, 대학교에 발송했어. 처음에는 난감했는데 시작하니까 진행이 되더라고. 또다시 사람이 마음먹기에 달렸다는 것을 실감하게 하더군!

진급을 하면 다른 부서로 이동을 하게 돼. 나는 아동 관련 부서로 발령이 났어. 두 번째는 결식아동들에 대한 지원 업무였어. 현황을 보니 관내 한 끼 이상 굶는 아이가 약 10만 명이었지. 돌봄이 부족한 아이들이었어. 시·군마다 급식을 다양한 방법으로 제공하는데, 식품권(종이토큰), 주·부식, 도시락 배달 등으로 아이들의 끼니를 해결하더라고. 특히 문제가 되는 것은 식품권(종이토큰)이지. 분실하거나 훼손하면 식사를 못 하는 거야. 그리고 종이토큰 사용으로 수치심이 생기고 자존심이 상해서 식사를 거르는 아동들도 있더라고. 이런 점을 방지하기 위해 결식아동 급식카드를 도입했어. 아이들의 음식점, 편의점 이용을 자유롭게 해줄 수 있는 것이지.

이 카드를 만들기 위해 선정된 업체와 협약했지. 카드제작 및 프로그램 제작비는 업체가 부담하는 조건이 있었기 때문에 많은 회의와 협의를 해야 했지. 업체는 감사하게도 손실 발생에도 불구하고 밥을 굶는 아이들에게 보람이 됐으면 하는 마음으로 지원 업무를 추진해 주었어.

나는 굉장히 성공적인 프로젝트라고 봐. 현재까지 아동들이 사용하

결식아동을 위한 G Dream card

고 있으니까. 참 보람 있는 일이었다고 생각해.

그 후 도청 4개 부서에서 근무했고 도의회에서도 근무했지. 많은 종류의 업무를 추진했던 것 같아. 그리고 사무관(5급)으로 진급했지. 소원을 성취한 거야! 사무관 교육을 받을 때, 교수님께서 말씀하셨어. 지방직공무원 중 5급 이상이 6~7%라고 하면서 자부심을 품으라고!

LESSON 12

길가의 작은 꽃도 다 이유가 있듯이

"이야기를 들어보니 많이 고생했네. 고민도 했고. 나도 공무원에 대한 선입견이 달라졌어."

고마워. 나도 마지막으로 해 줄 말이 있어.

처음에 말했잖아. 외부에서 보는 것과 아주 다르다고…. 주민들이 민원 업무 보러 와서 불편을 느꼈을 때 공무원들을 안 좋게 보는 경향이 있거든. 주민들을 상대하다 보면 누구나 다 성격들이 다르잖아. 외면적으로 활달하고 쾌활하고 걱정이 없어 보이는 사람도 다 사연이 있듯이.

나는 개개인의 삶의 방식들을 인정해야 한다고 봐. 길가에 피어 있는 작은 꽃도 다 이유가 있어서 거기에 피어 있는 것인데 하물며 사람은 더욱더 소중하고 귀한 존재지. 절대 무시하지 말고, 가난하다고 얕보지 말아야지. 모두 자기 분야에서 열심히 살거든. 너무나 소중한 사람들이야. 자기 자신을 낮추고 상대를 섬기며 세상을 살아가야 한다고 생각해. 그래서 공직생활을 하면서 다음과 같은 맹세를 했어.

첫째로, 민원인에게는 친절하게 하며 민원 업무는 처리 가능한 방향으로 검토하자.

둘째로, 직장 동료에게는 필요한 존재, 편안한 존재, 나보다 직급이 낮은 동료를 우선 배려하며 지내자.

셋째로, 업무의 효율성, 간편화, 처리는 신속하게, 목표를 반드시 정해 꾸준히 하자.

그런 생각으로 근무하다 보니 무사히 정년을 마쳤어. 앞으로는 민간으로서 공무원이라 해 보지 못한 다양한 분야를 체험하고 꼰대가 아닌 60대 청년으로 고고씽!

아내!에게는 멋진 남편, 아들! 딸!에게는 멋진 아빠로 많은 추억을 만들려고 해! 가족과 함께하는 여행! 차박! ~~~

작은 사회에 충실하면서 더 큰 사회에서는 재능을 나누는 거지. 평소에 짬을 내서 음악 동아리에서 색소폰 연주를 배웠어. 이젠 재능 기부도 하려고 해. 나누며 사는 거지. 주는 기쁨은 받는 것보다 훨씬 크다고 하잖아.

마을 주민을 위한 연주

너도 나처럼 목표한 바가 있으면 항상 마음에 새기고, 행운의 열쇠가 주어졌을 때 반드시 쟁취해 내길 바랄게.

지금까지 내 이야기 들어주어서 고마워. 친구야! 건강하자, 우리.

PART 4

남희선의
얼굴경영

남희선

Mobile 010-2405-2788
Email namwhisun@hanmail.net

학력 및 경력사항 /

- 고려대 명강사 최고위과정 15기 수석부회장
- 서초문화원 명리학&인상학 전문강사(현)
- 송파문화원 명리학&인상학 전문강사(현)
- 남희선 얼굴경영전략 연구원 원장
- 경기대 사회교육원 명리학 강사
- 사단법인 한국역리협회 학술위원
- DAUM 운세 자문위원

강의 분야 /

- 성공하는 얼굴경영
- 인사 경영, 인상 마케팅

자격 사항 /

- 명강의 명강사 1급, 인성 지도사 1급, 리더십 지도사 1급 (한국상담협회)
- 기업강사자격 1급, 평생교육강사자격 1급(한국교육강사연합회)

저서 /

- 명강사 25시(공저)
- 예당 만세력
- 하회탈 인상 특성에 담긴 상징과 풍자 연구 발표

LESSON 1

성공하려면 사람 보는 눈을 키워라

| 관상의 원리는 무엇인가? |

사주는 음陰의 학문이고 관상은 양陽의 학문으로 사주와 관상은 별개입니다. 관상은 얼굴 자체를 목화토금수木火土金水로 분석하고 복福의 유무有無, 얼굴의 모양과 찰색, 목소리, 행동을 살펴 우리 인생사의 길吉과 흉凶을 종합 평가하는 자연철학입니다.

얼굴에 자연의 이치가 반영되어, 머리는 하늘을 상징하고 발은 땅을 상징합니다. 눈썹은 은하수이고 눈은 해님과 달님에 해당하니 맑고 빛나야 합니다. 뼈는 양陽이고 금석이니 단단해야 하고, 살은 음陰이고 땅이니 풍요로워야 합니다. 입은 바다, 인중은 강줄기이니 길고 뚜렷해야 하고 이마, 코, 관골, 턱은 얼굴에 있는 5개 산에 해당하니 적당히 솟아야 합니다. 머리카락, 눈썹, 수염은 나무와 풀인 초목을 상징하니 수려해야 합니다.

얼굴에는 하늘과 땅, 산(코)과 바다(입), 계곡(법령)이 있습니다. 얼굴에서 튀어나온 곳은 산, 줄은 계곡이고 그 나머지는 들판입니다. 사람은 우주의 섭리를 타고 태어나 자연의 지배를 받고 있습니다.

┃삼재(天地人)┃

천지인天地人은 이마, 코, 턱을 말하는데 이마는 천天, 코는 인人이면서 나 자신에 해당하며, 턱은 지地입니다.

┃삼정(상정, 중정, 하정)┃

삼정은 얼굴을 3등분하여 머리 발제부터 눈썹 위까지를 상정, 눈썹부터 코까지를 중정, 인중부터 턱까지를 하정이라고 합니다.

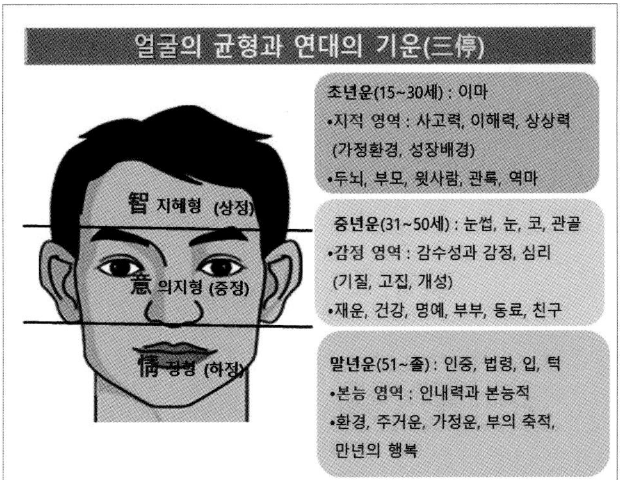

초년은 이마를 봅니다. 15세~30세까지의 초년운으로 귀貴 명예를 주관하며, 조상복, 부모복, 윗사람 복을 보는 자리입니다. 눈썹과 눈썹 사이는 명궁이며 초년에서 중년으로 넘어가는 전환기가 명궁입니다.

중년은 눈썹, 눈, 코, 관골, 31세~50세의 중년운으로 수명을 주관하고 나의 능력을 보는 곳입니다. 형제, 친구, 동료, 부부운을 보는 곳입니다.

말년은 인중, 법령, 입, 턱, 51세 이후의 말년운으로 부富를 주관하고 자녀 복, 아랫사람 복, 부하 복을 보는 곳입니다.

사람을 볼 때 항상 먼저 눈을 보고, 나의 능력을 볼 때는 눈과 코를 보고, 직업의 귀함을 볼 때는 눈과 이마를 보고, 재물의 능력은 눈과 턱을 봅니다.

돈이 모이는 장소는 어디일까요?

얼굴에는 내부와 연결된 통로, 얼굴에서 귀, 눈, 코, 입 네 곳의 물길은 수분이 다니는 도랑과 같은 역할, 돈이 모이는 장소로 강물의 수기가 마르면 안 되는 곳입니다. 인체는 70% 이상이 물로 되어 있고, 물은 만물의 근원이고 재물, 건강입니다.

물이 흐르는 곳이기 때문에 항상 윤택하고 물이 잘 흐를 수 있도록 길고 적당히 깊어야 합니다. 얕고 짧으면 강의 물이 말라 윤기가 없고 건조합니다. 물은 지혜로, 물이 이루고 있는 형상에 따라 웅덩이, 도랑, 시내가 되고, 강을 이루며 바다가 됩니다.

화조물병火燥物病은 불기운은 말라 만물을 병들게 하고, 수윤물생水潤物

生은 물기운은 윤택하여 만물에게 생명을 줍니다.

수분이 있어 풀과 나무가 자라는 이치로 인체에서는 여기에서 털이 나서 귀는 귓구멍 털, 눈은 속눈썹, 코는 콧구멍 털이고 입가에는 수염이 납니다.

얼굴에서 재물복이 들어오는 네 곳 물길에 대해 자세히 알아보겠습니다.

첫 번째 귀는 강독江瀆이니 구멍이 깊고 넓어야 하며 귀의 윤곽이 둑방이라 크고 두텁고 단단해야 합니다. 귀는 수水기운이고 음陰이고 신장에 속하기 때문에 에너지의 원천 호르몬이 좋으면 귀 색깔이 윤택하고 밝습니다. 귀가 잘생겼는데 윤택한 기가 없으면 초년운이 안 좋습니다. 윤택한 귀는 빤질빤질 물기가 흐르는 것 같은 귀입니다. 귓밥이 촉촉하면 물기가 있는 귀이고, 귀가 가렵고 수水기가 없으면 신장이 안 좋습니다.

두 번째 눈은 해님과 달님이기 때문에 빛나고 밝아야 하고 강이기 때문에 항상 물기운이 윤택하고 길수록 좋습니다. 눈은 쌍꺼풀 없이 가늘고 깊은 듯하면서 긴 눈을 최고의 길상, 잘생긴 눈으로 봅니다. 얼굴에서 눈썹과 눈은 길면 길수록 좋습니다. 눈은 호수, 큰 강으로 보아 강은 깊게 흐르고 부드러운 곡선으로 흘려야지 고임이 없어서 운명이 침체되지 않고 흐릅니다. 눈은 호수라 깨끗한 물속처럼 맑고, 눈동자는 검고 생기가 있어야 합니다. 눈이 깊으면 정이 깊어서 장수하고, 눈이 가늘고 길면 귀하게 되며, 눈에서 빛이 나면 총명합니다. 눈이 튀어

나오면 호수가 범람하여 넘치니 눈의 나이 35세~40세로 사업하면 다 말아먹습니다. 눈이 튀어나오면 수분이 잘 고갈되어 안구 건조증이 빨리 오고 갑상선을 조심해야 합니다. 물은 깊이 흘러야 하는데 눈이 튀어나오거나 돌출된 것은 물길이 얕아서 물이 적음을 의미하기 때문에 재물에 손실이 많은 눈이라 볼 수 있습니다.

세 번째 코는 토土, 땅이고 물기가 있어야 윤택해 재물이 건재합니다. 코는 콧대가 굵고 길어야 하며 콧방울이 두툼해야 물이 힘차게 흘러 바다인 입으로 모이게 됩니다. 반대로 콧대가 울퉁불퉁해서 물길에 바위가 솟으면 살아가면서 큰 파도가 일고 급물살에 소용돌이가 일어나니 인생에 굴곡이 많습니다. 콧구멍은 폐와 연결되어 숨을 들이쉬고 내쉬면서 생명을 보호하는 소중한 동굴, 콧속이 건조하면 우리 오장육부는 금방 탈이 나므로 일생을 마칠 때까지 촉촉한 수분이 유지되어야 합니다. 콧구멍이 너무 좁으면 재물의 흐름이 원활하지 않고 마음 씀씀이도 좁은 사람입니다.

네 번째는 인중으로 귀, 눈, 코의 물줄기가 통과해서 바다인 입으로 흘러 들어가는 곳이라 인중은 깊고 길어야 합니다. 인중이 평평하면 귀, 눈, 코의 물이 갈 데가 없어 강물이 항상 말라 있는 형상이라 50대 이후에 사업하면 돈에 기복이 많습니다.

입은 수성, 바다라 모든 물길이 모이는 자리이고 입술 둑이 튼튼해야 합니다. 입은 바다를 상징함으로 항상 수분이 풍부하여 윤택해야 하고 윗입술이 아랫입술을 덮고 튀어나오며 바닷물이 빠져나가는 형상이라 돈이 잘 모이지 않으니 돈 관리를 잘해야 합니다. 윗입술은 아버지, 아랫입술은 어머니이며, 아랫입술이 튀어나오면 그래도 어머니가 돈을 모아 두었고 아랫입술이 윗입술보다 튀어나온 게 낫습니다. 물이 모이는 곳은 입이라 입이 작으면 바다가 아니라 호수라 속이 좁고, 포용하는 것이 작으며 잘 삐칩니다. 입이 작은 사람보다는 입이 큰 사람이 돈을 잘 씁니다. 입이 튀어나오면 물이 항상 넘치니 돈이 들어오기 전에 나갈 곳이 정해져 있어 돈이 모이지 않고, 입이 들어가 있으면 물이 고여 있어 돈이 고갈되지 않습니다. 입안에는 혀가 있는데 좋은 혀는 길고 두터우며 선홍색이고 혀가 길어야 부귀한 상이라 합니다.

입술 색이 푸르스름하면 건강이나 금전운이 좋지 않다는 신호입니다. 입술은 꽃잎이라 약간 붉게 발라주어 윤기가 나게 해야 합니다. 입술에 혈색이 좋고 생기가 있으면 건강한 얼굴로 경제활동을 할 수 있고 돈을 벌 수 있다는 뜻입니다. 얼굴경영을 통해서 돈이 모이는 네 곳 귀, 눈, 코, 입을 잘 관리해 주면 여러분도 충분히 재물을 모을 수 있습니다.

| 오악(五岳) |

얼굴에서 산처럼 솟은 이마, 코, 관골, 턱 다섯 부위를 오악五岳이라 하는데 공간적인 개념이며 땅, 음陰입니다. 오악은 높게 솟고 풍요로운 기상이 있어야 하고 오악의 주인은 코, 코는 나이고, 양쪽 관골은 주변 사람입니다. 코가 못생기면 이마, 관골, 턱이 좋아도 크게 귀하지 못하니 무조건 코가 잘생기고 보아야 합니다. 코가 잘생겼는데 코가 빨가면 불난 코라 윤택함이 없어 돈복이 약합니다.

산에 세력이 없다면 배포, 야심, 파워가 작아 큰일을 못합니다. 코가 우뚝하게 웅장한 기세가 있어야 위엄도 있고 부富하고 장수합니다. 코가 우뚝하고 관골이 발달한 사람은 배짱이 두둑하고 기운이 신장에서 우러러 나오는 것이기 때문에 장수합니다.

코가 높은데 관골이 없으면 주위에서 받쳐주는 사람이 없어 고독합니다. 코가 작으면 사업이나 장사를 하면 안 되고 콧대를 세우면 어떠합니까? 쫄딱 망합니다.

육부(六府)

얼굴에는 이마의 좌우양방, 관골의 좌우양방, 턱 양옆 이골頤骨의 좌우양방, 여섯 군데 창고가 있습니다. 관상에서 제일 중요한 것은 찰색 윤택한 기운과 탄력입니다.

첫째, 이마 천창 상부는 하늘 창고라 조상 부모의 상속 유산복이라 이마가 좋으면 제일 좋은 창고라 평생 빨대입니다.

둘째, 관골 중부 창고는 나의 능력이고 내가 버는 돈 창고입니다.

셋째, 턱 양옆 이골 하부는 아랫사람, 자식이 벌어주는 돈 창고입니다.

육부의 중요성은 여섯 군데가 균형을 얼마나 잘 이루고 있느냐를 보는 것입니다. 여섯 군데가 기울거나 빠진 데 없이 조화를 이루고 있을 때 육부가 잘생겼다고 말할 수 있습니다.

이마가 잘생기고 천창 창고가 좋아야 쌓아둘 것이 많고, 이마가 별 볼 일 없으면 창고에 쌓아둘 것이 없습니다. 주변이 좋아야 창고에 쌓아둘 것이 많습니다.

이를 상서에서는 동자형同字型, 이건희 회장님같이 동同 자字 모양으로 번듯하게 생겼다면 이것이 바로 부귀지상富貴之相이라 합니다. 상중하上中下 어느 한 곳이든 허하거나 지나치면 좋지 않고, 균형이 잡혀 있어야 좋다는 것입니다.

┃육요(六曜)┃

얼굴에서 양 눈썹, 양 눈, 인당, 산근 여섯 군데 빛나야 하는 곳을 육요六曜라고 합니다. 얼굴 가장 위쪽에 모여 있고 정신과 마음을 밝히고 나아가 앞날을 밝히는 운명의 상징으로 중요합니다,

① 눈썹

눈썹은 대인관계, 인기를 보는 곳이고 눈썹은 눈보다 길어야 하고,

눈썹이 잘생긴 사람이 인기가 많습니다. 눈썹은 길이, 두께, 거리를 보고 눈썹은 은하수 흉성이라 별처럼 높이 떠서 눈인 해님과 달님을 누르지 말아야 하고, 눈썹은 길수록 좋으며 짧더라도 최소한 눈보다는 길어야 합니다.

눈썹 털은 약간 무성하면서 털 사이로 살빛이 은은하게 보이며 수려하고 힘 있게 뻗어 주어야 합니다. 길게 뻗은 눈썹은 이마 가장자리 천창, 부모 창고의 복록을 다 받아 먹을 수 있어 상속운이 좋습니다. 눈썹이 길면서 청수하게 빼어나고 윤택하면 총명하고 관운, 재복이 있고, 화목한 가정을 이룰 수 있습니다.

눈썹이 짧으면 눈썹 끝 위의 천창 조상 창고 복이 없어 조상복과 상속운이 없고, 나를 감싸줄 사람이 없어 윗사람, 형제, 부부 인연도 짧습니다. 자식 얼굴에서 눈썹이 짧고 코가 좋으면 41세 이후에 상속을 해 주어야 지킬 수 있습니다.

②눈

눈은 정신이 머무르는 곳이고 마음의 창이라, 눈을 보고 따뜻한가, 정이 있는가, 차가운가, 독한가를 봅니다. 눈은 해님 달님이고 흑백이 분명하고 눈동자가 단정한 것이 첫째이고 눈동자는 물이 깊고 검을수록 부자입니다. 눈동자는 검은데 눈이 빛나지 않으면 썩은 물이고, 빛이 나면서 맑은 물은 활명수 지혜의 눈입니다.

③ 명궁

눈썹과 눈썹 사이 명궁은 기색이 다 모이는 곳, 등대 같은 곳이라 학문, 명예, 재물, 건강, 부부 운을 보는 곳입니다. 이곳에 필러나 보톡스를 쏘면 피가 안 통하니 빛이 죽어 조상의 기운이 다 전멸되어 산근으로 토스가 되지 않아, 썩은 땅에 씨앗을 뿌리면 싹이 자라지 않아 절대 쏘면 안 됩니다. 명궁은 심장 가슴이라 열정도 식어 버립니다.

명궁은 밝고 맑아 깨끗하면서 빛이 나야 하고 명궁이 밝고 빛나는 것은 마음이 항상 밝고 정신이 깨어 있기 때문입니다. 명궁이 널찍하게 풍요로우면 학문을 크게 이루고 명궁이 좁고 빈약하면 배움과 지혜가 빈약하고 마음이 좁습니다. 명궁이 어두우면 되는 일이 약하고, 이곳에 주름이 있으면 고독하고, 마마 자국, 점, 사마귀 등이 있으면 하는 일마다 막힘이 많습니다.

④ 산근

눈과 눈 사이 산근은 나에게 연결되는 코의 뿌리이고 41세~43세 운을 보는 곳입니다.

| 말년에 좋은 관상 |

이마는 하늘, 턱은 땅, 하늘은 높고 맑아야 하고 땅은 넓고 기름져야 좋다고 합니다. 말년이 좋은 관상은 노년에 삶이 풍족해야 하기 때문에 하관이 중요합니다. 말년이 좋은 관상은 턱이 좋아야 하고, 땅이 기름지고 넓으면 곡식이 풍성하고 사람들이 몰리니 턱이 좋아야 말년이 좋은 관상입니다. 턱이 넓고 둥글고, 턱의 길이는 인중의 두 배가 좋고 두께는 살이 많고 탄력이 있을수록 좋아 턱 주위는 둥글고 U자형을 이루어야 여유가 있어 보입니다. 턱이 뾰족하면 흙이 없는 바위만 가득한 산이라 농사를 지을 곳이 없고 사람도 안 모여서 노년의 삶이 퍽퍽하고 힘이 드니 꼭 말년 준비를 해두어야 합니다.

선현들은 겉으로 보이는 형상보다 마음에 더 큰 비중을 두어, 공자는 "만상불여심상萬相不如心相", 석가는 화엄경에서 "일체유심조一切唯心造", 예수는 "원수를 사랑하라" 모든 것은 마음에서 연유한다고 설파하였습니다. 관상은 형상은 있으나 마음은 형상이 없어 유형有形의 상은 무형無形의 마음에 의해 투영되고 지배되고 변화합니다. "건전한 신체에 건전한 마음이 깃든다" 하여 신체와 정신은 서로 관계가 있다고 합니다. 잘생긴 귀, 훤한 이마, 흑백이 분명한 빛나는 눈, 수려한 눈빛, 반듯한 코, 단정한 입이 복福과 귀貴를 상징합니다.

LESSON 2

성공하는 얼굴경영

성공한 사람들은 항상 얼굴부터 읽는다

『논어』의 사람 식별법에서 공자는 보고視 살피고觀 관찰하는 세 가지로 사람을 판단하라고 말합니다.

첫째, 겉으로 드러나는 모습과 행위를 보라는 것이고, 둘째, 무엇 때문에 그런 행동을 했는지 마음을 읽어 보라는 것이고, 셋째, 그 사람이 무엇에 만족하며 살아가는지를 보면서 가치관이나 정신이 올바른지 아닌지를 살펴보라는 것입니다.

삼성이 말하는 맨파워 인재 발탁 호암 이병철 회장님의 독특한 경영철학은 이판理判과 사판事判을 모두 다 고려했습니다.

이판理判은 눈에 보이는 자료를 종합해서 내리는 판단으로 그 사람의 시험 성적 등을 보고, 사판事判은 영감과 직감처럼 눈에 보이지 않는 사주 관상을 바탕으로 내리는 판단으로 이판사판을 모두 고려해서 인재를 발탁했습니다.

성공 키워드로 얼굴을 삼등분하여 활발한 대인관계를 볼 때, 첫째 이마는 얼마나 좋은 윗사람을 만나고 관계하는가는 상정을 보고, 둘째 눈썹부터 코는 주위 사람들과의 관계에서 그들이 얼마나 많이 지지하고 인정해주며 지원해주는가로 중정을 보고, 셋째 코밑은 아랫사람들이 얼마나 잘 따르고 융합하는가로 하정을 봅니다.

강호동, 송해 선생이 중, 하정이 좋습니다. 유재석은 중정이 좋고 하정이 약간 빠져 아랫사람들을 친구같이 대해주어야 합니다. 얼굴 부위의 명칭과 의미를 알아보겠습니다.

1. **귀 유년 시절(1세~14세)** 집안 환경, 조직력, 신장 방광 기능, 양심색
2. **하늘의 복을 받는 마당 이마(15세~30세)** 지적능력(두뇌), 부모, 윗사람과의 인연, 관록
3. **눈썹(31세~34세)** 대인관계, 인기, 형제운
4. **행운이 들어오는 문 명궁** 일의 성사, 희망
5. **정신이 머무는 집, 마음의 창 눈(35세~40세)** 건강, 성격, 감정, 정신 상태를 보고, 눈은 평생을 보는 곳입니다. 얼굴을 100점으로 보면, 눈이 50점, 이마가 30점, 코가 10점, 귀와 입이 각각 5점으로 얼굴에서는 눈이 가장 중요합니다.
6. **재물을 모으는 금고 코(41세~50세)** 자기의 위상, 재물의 유무(有無), 성취 의지를 봅니다. 준두(코끝)는 인정, 공격력, 돈을 모으려는 욕망, 콧방울은 정보 교환 능력, 방어력, 비축력 창고입니다.

7. 명예를 나타내는 관골 명예, 자존심, 활동력, 관철을 위한 저항 의지이고, 뺨은 활발한 대인관계 유무, 대장, 위장, 소장 건강을 보는 곳입니다.

8. 인중은 가문, 자손, 인내력을 보는 곳입니다.

9. 법령 입가 미소선은 직업, 준법정신입니다.

10. 행운을 담는 그릇 출납관 입(60세) 금전 관계, 정서, 감정 변화를 봅니다.

11. 편안한 노후를 책임지는 턱은 노후 행복, 지구력, 자녀, 부하, 말년운을 봅니다.

얼굴은 조화와 균형도 중요하지만 더 중요한 건 찰색과 탄력입니다. 얼굴은 얼이 지나다니는 동굴이라 정신과 얼이 들어 있습니다.

①귀

귀의 모양은 엄마의 생활환경과 건강상태를 알 수 있는 태교 기록 카드입니다. 산모가 스트레스를 받거나, 힘들었을 때 태어난 아기의 귀 모양이 잘생기지 않았습니다. 귀는 채청관採聽官으로 정보를 판단하고 1세~14세 초년운을 보는 곳입니다. 귀는 수水기운이고 신장 에너지 원천 호르몬이 좋으면 귀 색깔이 윤택하게 밝아집니다.

귀를 삼등분하여 상부는 이마를 보고 사고와 지혜를 보고, 중부는 코 광대뼈에 해당하며 의지 실행력을 보고 하부 귓불은 인맥을 보는 곳입니다. 귀가 크면 사려가 깊고, 작으면 감정적인 성격입니다, 귀의 살집이 두터우면 신뢰성이 있고, 귀가 얇으면 팔랑귀이고, 단단하면 의지가 강합니다.

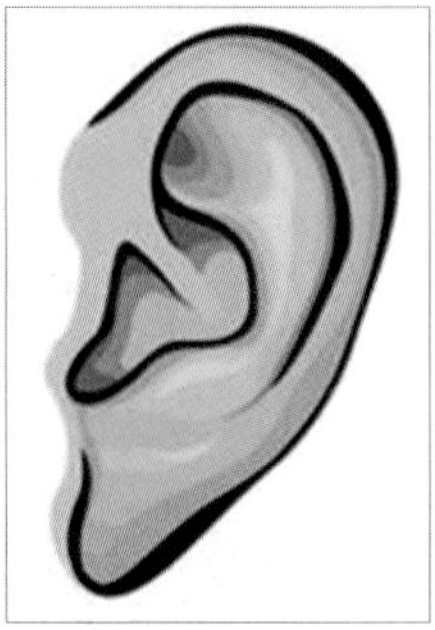 

귀의 윗부분이 뾰족하면 창의력이 풍부한 면과 독한 면이 있습니다. 귀의 중간 부분이 튀어나오면 독고다이, 돌출적인 행동력과 튀는 성향이 있고, 귓불이 있으면 인맥을 중요시하고, 귓불이 없으면 이성적입니다. 눈꼬리에서 올라간 귀는 명예와 학문을 추구하고 예술적인 귀, 눈꼬리에서 내려간 귀는 실용적이고 활동형입니다. 귀가 크면서 귓구멍이 크면 남의 말을 잘 들어주고, 귀가 작으면서 귓구멍이 큰 사람은 자기가 들을 말만 듣습니다. 귓구멍이 작으면 말을 안 듣고 인색합니다. 귓구멍이 큰지 작은지는 새끼손가락을 넣어보면 압니다.

② 이마는 하늘의 복을 받는 마당

이마는 15세~30세를 보고 조상과 윗사람과의 인연, 두뇌, 관운, 출세, 직업운을 보는 자리이니 출세하고 싶으면 "이마를 훤히 밝혀라!" 직업의 귀함은 눈과 이마를 봅니다. 이마 정중앙은 관록과 총명, 이마 양옆은 변지 역마라 해외운, 이동성을 봅니다.

현재의 성공 여부는 찰색을 보고, 이마가 밝고 화사한 색을 띠면 기분이 좋고 정서가 안정되어 건강한 상태입니다. 이마 색이 어둡거나 잿빛이면 하는 일도 안 되고 심리 상태와 건강까지 안 좋으니 마음을 편히 가져야 합니다.

좋은 이마는 첫째 도톰하고 둥근 이마로 동물의 간을 엎어 놓은 듯 둥그스름한 모양에 윤기가 나고 관자놀이 부분부터 도톰하게 둥근 모양새입니다. 김영삼 전 대통령 이마가 관직에 좋은 상격의 이마입니다.

두 번째로는 편편한 이마, 계획하고 움직이기보다는 행동하며 생각합니다.

세 번째 주름살 있는 이마의 경우 이마가 넓은 게 좋고 주름은 굵은 일자형으로 3개, 삼문天地人을 가진 사람은 모든 덕을 누릴 수 있으니 3代가 모든 이의 부러움을 살 정도로 좋습니다.

위의 주름은 부모의 성공, 가운데 주름은 스스로의 성공 자수성가형이고, 아래의 주름은 자식의 성공을 의미합니다. 이마 주름이 뚝뚝 끊어지면 난문, 눈을 치뜨지 않고 양쪽 이마를 균형 있게 들어 올리기 때문에 일자형이 되는 겁니다.

참차는 마이웨이 스타일입니다. 참차는 이마의 발제 부분이 V자 모양으로 뾰족하게 아래로 내려온 것을 말합니다. 하극상이나 반골보다는 기질적으로 윗사람이나 기성 체계에 고분고분하지 않는 마이웨이 스타일입니다. 여자는 남자복이 없으니 꼭 뽑아주어야 합니다.

③ 눈썹

형제, 동료, 대인관계, 인기로 31세~34세를 보는 곳입니다. 교감신경과 부교감신경이 관장하는 부위, 열정이 넘치거나 화가 나면 눈썹이 곤두서고, 눈썹이 가지런히 누우면 대인관계도 원만하고 정서적으로 안정적입니다. 잘생긴 눈썹은 적당히 짙고 윤기가 있고, 가지런히 누워 있는 눈썹으로 눈썹 사이는 손가락 두 개 정도의 거리가 적당하고 눈썹은 지붕이라 눈보다 길어야 하고 눈썹이 길수록 좋습니다. 김수환 추기경처럼 눈썹이 길게 나는 것은 수명을 보니 뽑지 말고 정리해 두어야 하고 만년까지 강한 에너지를 갖고 일할 수 있습니다. 김수현 배우는 눈썹이 진하고 눈썹 근육이 발달해 에너지가 넘치고 밀어붙이는 힘이 있습니다. 이승기의 눈썹 근육 돌출, 각진 눈썹은 강한 자기주장을 나타냅니다. 차분한 눈썹과 홑꺼풀 눈은 진중한 마음 관리, 진정성과 이해성이 있고 진한 눈썹은 열정이 강합니다.

④ 행운이 들어오는 문 명궁(인당)

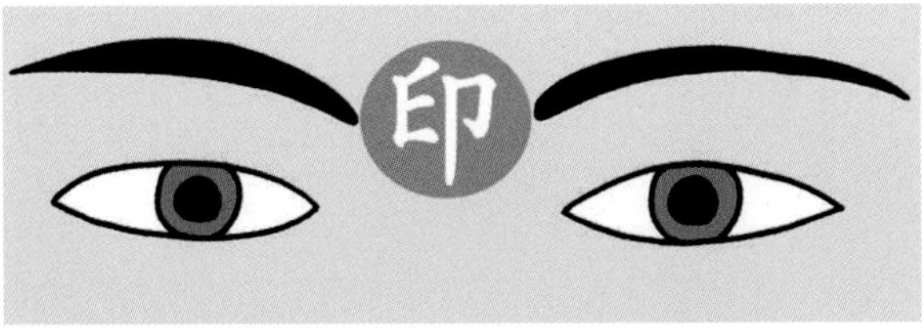

희망, 일의 성사를 봅니다. 선천적 운명, 정신력, 건강, 희망, 학문적 성취, 사람의 운명을 가름할 때 무시할 수 없는 자리이고 눈썹과 눈썹 사이의 넓이와 살집이 적당한가의 여부를 봅니다.

명궁이 넓은 사람의 인상은 활짝 웃는 긍정적인 감정을 나타내는 표정이고, 지능이 좋고,

사물에 대한 응용력, 이해력, 창조력이 뛰어나고 스케일이 크고 개방적이고 사교성이 좋으며 낙천적 성품입니다. 어려운 일을 만나면 타고난 낙천성으로 사물이나 현상을 긍정적으로 바라보면서 실타래를 풀어나가는 형입니다. 너무 넓으면 매사 치밀하지 않고 즉흥적으로 처리해 낭비가 심한 면이 있습니다.

명궁이 좁으면 분석적이고 꼼꼼히 일을 챙기고 정리하는 스타일이라 중간 관리자형입니다. 세상 보는 시야가 넓지 못하고 소견이 약간 좁은 편입니다. 경직되고 고지식한 탓에 융통성과 응용력이 부족하고 걱정거리를 늘 갖고 있거나, 고민이 많은 성격, 부정적 사고라 사서 걱정하니 약간 느슨하고 낙천적으로 살아가야 합니다.

명궁에 주름살이 있을 경우는 부부간의 심각한 갈등이 오랜 세월 진행되고 있을 때, 일이 오랜 세월에 걸쳐 안 풀릴 때, 사고방식이 지나치게 고지식하고 완고한 사람한테 나타납니다. 쌓인 스트레스와 마음고생을 그때그때 해소하지 못해서 생겨난 표시로 항상 밝은 표정을 지어 명궁을 넓게 펴주어야 합니다.

⑤눈

정신이 머무는 집, 35세~40세를 보고 건강, 성격, 감정, 정신 상태를 봅니다. 애정, 증오, 기쁨, 슬픔 등을 봅니다. 중국『북사』를 보면 "형불여면 면불여안形不如面 面不如眼"이라고 하여 사람을 알아보는 데는 몸 전체보다는 얼굴을 보아야 하고, 얼굴 중에서도 눈이 제일 중요하다고 했습니다. 뇌는 눈에 의존하는 비율이 80%라 눈을 보면 오장의 기능과 감정 상태를 알 수 있기 때문에 눈은 돌출된 뇌라고 합니다.

좋은 눈은 검은자위와 흰자위가 또렷이 구별되는 맑은 눈입니다. 눈빛은 생기가 있고 에너지가 넘치며 자신감이 있고, 가늘고 긴 눈이 최고의 길상입니다. 눈이 크면 외향성, 사교적 명랑한 분위기에 감정이 풍부해 감정 표현을 잘합니다. 작은 눈은 내향성, 생각을 많이 하고 의지가 강해 말하기보다는 속에 넣고 실천하기 때문에 오히려 집념이 강합니다. 찢어지고 올라간 듯한 눈은 지고는 못 사는 성격이고 운동선수에게 많이 보이는 눈으로 승부욕이 강하고 완고해 고집이 센 편이며 자신의 의지를 관철시키는 형입니다. 눈이 올라가고 코가 뾰족하면 꼬장꼬장합니다. 내려간 눈, 처진 눈은 욕망이나 생각을 바로 표현하지 않고 시간이 걸리더라도 원하는 것을 얻어내서 은근히 욕심이 많습니다. 갈색 눈동자는 감정형이고 재치와 유쾌함이 있지만 성격이 급합니다. 검은 눈동자는 현실형이고 눈동자가 검을수록 자기 것을 잘 챙겨 부자입니다.

⑥ 코는 재물을 모으는 금고(41세~50세)

코는 자기 자신이고 관골은 주변 사람이라 코와 관골의 조화를 보아야 합니다. 코가 잘생겼고 광대뼈가 잘 받쳐주면 사회적으로 인정받고 성취를 위한 의지도 강합니다. 콧등은 실행력으로 높낮이에 따른 자존심을 보는 곳이고, 코끝은 성격의 척도이고 돈을 벌려는 욕망이고, 콧방울은 비축력으로 돈을 모으려는 욕망 창고입니다. 잘생긴 코는 코가 시작되는 눈썹 사이부터 콧날까지 두껍게 부드러운 쿠션으로 뻗어 내려온 코입니다. 콧대만 분명하다고 좋은 코는 아니고, 코가 우뚝하게 웅장한 기세가 있어야 위엄도 있고, 관골이 잘 받쳐주어야 돈복이 있으며 코와 관골은 부부 관계입니다. 콧방울이 빵빵하면 자기 걸 잘 챙겨 재물복이 있고, 콧방울이 탄력이 있으면 공격과 방어력이 뛰어납니다. 콧대보다 콧방울이 중요하고 콧방울은 돈 창고라 재물, 부자입니다. 콧구멍은 금고의 문이라 콧구멍이 보이면 금고 문이 열려 있어 기분파이고, 콧구멍이 닫혀 있으면 이성파입니다. 코에 힘준 사람들은 부자, 재벌들입니다. 코를 보세요! 콧구멍이 보이질 않고 콧방울이 빵빵합니다.

⑦ 입

입은 잘 사용하면 복이고, 잘못 사용하면 화근입니다. 좋은 입술은 입술 선이 뚜렷하고 끝이 약간 올라가며 적당한 크기의 붉은 기운이 도는 입술입니다. 입의 적당한 크기는 각자의 눈동자 속 동공 가운데에서 아래로 직선을 그었을 때 양 입꼬리와 만나면 적당합니다. 입은 언상言相이 중요합니다.

큰 입은 포부가 크고 체력이 우수하여 의욕이 강하고 실행력이 뛰어나서 큰일을 도모하고 조직을 잘 거느리는 목표달성형이고, 일을 크게 벌리는 성향으로 실패할 확률도 높아 신중한 태도가 필요합니다. 작은 입은 소심하고 신중하나 말이 앞서는 경향이 있고 행동은 소극적이라 관리형이나 참모, 보좌에 잘 맞고 경리, 회계, 사무직에 적합합니다. 두터운 입술은 정이 많아 친화력이 있고, 관능적이고 성실하고 정직하나 정에 빠지기 쉽습니다. 얇은 입술은 말이 많고 정이 없어 냉정합니다. 입술이 얇고 입술 선이 뚜렷하며 지적인 이미지는 똑부러지는 성격의 소유자라 변호사 등 전문직에 잘 맞습니다. 튀어나온 입은 외향적이고 말하기 좋아해 말하는 직업, 교육에 잘 맞습니다. 살짝 벌어진 입은 끈기가 약하고 기가 밖으로 빠져나가 건강 상태도 좋지 않습니다.

⑧ 편안한 노후를 책임지는 턱

지구력, 자녀, 부하, 만년운을 봅니다. 둥근 턱은 지구력이 있고, 사각 턱은 한다면 하는 성격입니다. 턱 전체를 보고 턱이 풍만하게 둥글둥글하면 덕과 복이 있어 인덕이 많습니다. 특히 양쪽 턱뼈가 발달하여 둥근 듯 네모난 사람은 왕성한 의욕을 타고나 노력을 하는 의리파입니다.

턱에 어두운색이 나타나거나 뾰루지가 나면 부하 직원, 자녀와 트러블이 생기기 쉬운 상태를 의미하니 이런 조짐이 보이면 스스로 마음을 다스려 충돌을 피하는 게 좋고, 여자 턱이 어두우면 자궁이 차고 순환이 안 되고 소화가 안 되니 찬 것은 피하는 게 좋습니다. 턱 모양이 날렵한 사람은 사업보다는 직장인이 적합합니다. 요즘 여성들 사이에 턱을 깎는 수술이 유행하는데 턱을 깎으면 말년이 외롭고 돈복이 없습니다. 턱의 넓이를 봤을 때 큰 턱은 지배하려는 성향이고, 작은 턱은 순종적인 성향입니다.

아드보카트 축구 감독의 턱은 풍만하고 안정감 있고 튼실하고 턱이 좋아 카리스마 있고 포용력 있게 부하들을 이끌고 가는 턱입니다. 조 본프레레 축구 감독은 턱이 짧고 부실하고 뒤로 물러나 있어 통솔력이 좀 떨어지는 턱입니다.

살아남기 위해 얼굴의 지혜가 필요한 이유는 다음과 같습니다. 첫째, 모두가 자신을 포장하는 시대에 단시간에 상대의 진짜 능력과 성품을

알아내고 적재적소에 쓰는 것이 조직의 운명을 가르기 때문입니다. 둘째, 점차 세상이 복잡해지고 사고방식마저 다양해지면서 상대하기 곤란한 사람들과 어울려 살아가는 법이 필요해지고 있기 때문입니다. 관상은 인류의 가장 오래된 과학입니다.

LESSON 3

좋은 인상 만들기
자기 얼굴은 자기가 할 탓이다

얼굴경영을 잘하게 되면 몸이 건강하고 마음이 편안해지기 때문에 얼굴에 화색이 돌고, 많이 웃으면 입 주위 근육이 올라가고 콧방울은 빵빵, 얼굴에 탄력이 붙고, 건강하고 지혜로운 사람의 목소리는 자신감에 넘치고 눈은 매력적으로 빛이 납니다. 그래서 주위에 적극적이고 긍정적인 사람들이 모이고 CEO라면 사원의 얼굴에 나타난 유전자를 통해 인재를 적재적소에 배치하여 성공합니다. 먼저 얼굴경영이란 무엇일까? 자기 얼굴에 나타난 기질 중에 부족한 부분을 스스로 고치고 다른 사람을 이해하는 것입니다. 얼굴경영을 잘하게 되면 몸이 건강하고 마음이 편안하며 얼굴에 화색이 도니 표정이 좋아지고 예뻐집니다.

용모, 표정, 목소리, 말투, 몸짓 중 제일은 얼굴이고, 얼굴에 보이는 것과 언상, 심상, 사회 관계의 상도 봐야 합니다. 복이 있는 얼굴과 이쁜 얼굴은 다릅니다.

|눈|

눈이 건강하면 반짝반짝 빛나고, 사람의 시선이 가장 많이 가는 곳도 눈입니다. 아무리 예뻐도 눈빛이 좋지 못하면 나쁜 사람으로 시선이 끌리기도 합니다. 대화할 때는 대화 내용을 들으면서 눈을 쳐다보며 이야기를 하니 눈이 빛나야 좋습니다. "눈은 돌출된 뇌"입니다. 관심이 없을 땐 들어도 안 들리고, 보아도 안 보입니다. 몸이 1,000냥이면 눈은 900냥이라 눈이 중요합니다.

|코|

많이 웃으면 코가 빵빵해지는데 "귀 잘생긴 거지는 있어도 코 잘생긴 거지는 없다."라는 말도 있듯이 코는 중앙에 있기 때문에 우리가 자신감이 있을 때 코에 힘이 들어가고, 웃으면 콧방울이 빵빵해지고, 코가 빵빵해지면 주위에 좋은 사람이 많아 사람 부자입니다.

빰이 지나가는 자리는 위장, 대장, 소장 등 소화기관이 지나가는 자리인데 빰이 날씬한 사람은 속이 편안하지 않은 사람이라 까다롭고 예민하거나 세밀한 일을 하는 사람일 것입니다. 속이 좋아지고 편안해지면 빰이 통통하게 솟아오르는 것입니다. 다시 말해 빰이 통통하면 속이 편안하고 마음도 편안하다는 것을 알게 되는데 이때 빰만 통통해지는 게 아니라 코까지 통통해집니다.

웃으면 관골만 올라가는 게 아니라 콧방울도 같이 올라가며 당겨주니 뾰족한 코가 좀 둥글어지고 탄력이 생기면서 자꾸 인물이 좋아집니다. 코는 건강과 재물을 보는 자리이고, 코가 뾰족하면 덜 웃었다는 것이니 1밀리만 둥글어져도 유하게 보이니 자주 웃어주면 부드러운 인상으로 변합니다. 코가 길면 보수적으로 보이고, 코가 높으면 자존심이 세 보여 웃지 않으면 도도해 보이니, 코가 높은 사람일수록 더 웃어야 합니다.

|입|

입이 뚜렷하며 입을 꽉 다무는 사람은 다짐이나 결심을 많이 한 사람이고, 입을 꽉 다물지 않고 약간 느슨하게 있으면 마음씨는 좋으나 철저한 부분에서는 약하겠구나 생각합니다. 많이 웃으면 입이 커지고, 큰 입은 대범한 사람이 많아 일을 크게 벌일 수 있으니 조심해야 합니다.

입이 작으면 소심하고 신중하고 생각이 많겠구나 하면 됩니다. 튀어나온 입은 활동적이고, 오목하게 들어간 입은 내향적입니다. 혀가 이를 밀면서 이가 앞으로 나가게 되어 있어 말을 너무 많이 하면 뻐드렁니가 되고, 말을 하고 생각을 하면 이가 반듯합니다. 말을 적게 하고 생각을 많이 하면 꽉 다물고 옥니가 됩니다. 측면으로 볼 때 입이 앞으로 조금 나왔으면 이 사람은 말하는 걸 즐기는구나 합니다. 입은 꽃잎이고 건강한 색이어야 하니 나이가 들수록 붉은색으로 발라야 생기 있게 보입니다.

목소리

건강하고 지혜로운 목소리는 아랫배에서 올라오는 소리입니다. 혀 짧은 소리는 매력적으로 보이려고 하더라도 어린이들이나 내는 소리입니다. 어른은 당당하고 자신감 있고 신뢰하는 목소리로 말해야 합니다. 몸이 건강할 때, 자신감이 넘칠 때, 아랫배에서 올라오는 소리가 좋은 소리입니다.

얼굴이란 무엇인가? 얼굴은 그 사람 업業의 모습, 업業의 꼴이다. 얼굴은 그 사람이 어떻게 살아왔는가를 얼굴로 드러내는 인생의 이력서입니다. 예뻐지려면 얼굴을 꾸밀 게 아니라 예쁜 짓을 많이 해야 합니다. 그러면 예쁜 게 축적되어 예쁜 모습이 겉으로(얼굴로) 드러납니다. 덕스럽게 살면 덕스러운 얼굴이, 착하게 살면 착한 얼굴이 됩니다. 행복한 사람이 제일 복이 많습니다.

내 마음 씀씀이가 바로 나의 얼굴과 삶을 바꾸어 놓는 근본이 되니, 어제의 마음이 오늘의 얼굴이 되고, 오늘의 마음이 내일의 얼굴이 된다는 생각으로 꾸준히 노력하면 언젠가는 분명히 좋은 상을 갖게 됩니다. 개상심법改相心法이니 마음을 통해서 상이 바뀝니다.

좋은 얼굴은 조화와 균형이 있고 윤기와 탄력이 있어야 합니다. 눈이 맑고 눈동자를 너무 움직이지 않아야 합니다. 얼굴의 살과 뼈가 적절하게 균형 있고 근육이 잘 조여져 있어야 합니다. 얼굴에 냉기나 우울, 독기가 없어야 하고 좋은 말이 성공을 불러옵니다.

얼굴은 정신이 머무는 동굴이고, 얼굴의 30%는 타고나지만 70%는 후천적인 노력으로 형성되어 인상이 변합니다. 사람의 얼굴에 60개의 근육이 있는데 이 중 44개를 사용합니다. 얼굴의 뼈는 달라지지 않으나 환경에 따른 희로애락으로 얼굴의 근육은 감정의 표현에 따라 주름살이 생깁니다. 볼살의 위치나 탄력도 달라지고 찰색도 달라지니 항상 긍정적인 사고와 활짝 웃는 표정을 지어야 합니다. 건강하고 호감 가는 매력적인 얼굴로 행운을 부르는 인상을 본인 스스로 만들 수 있습니다.

PART 5

나는 행복한 부동산 세일즈 우먼이다

린다 리

Mobile 010-5826-5226
Email a01058265226a@gmail.com

학력 및 경력사항 /

- 고려대 명강사 최고위과정 15기 홍보부회장
- 중국대련외국어 대학 일본어과 졸업
- 중국상하이에서 신한부동산 설립
- 한국서초포럼 지도교수 겸 중국상하이 지회장
- 중국동포연합중앙회 여성회 수석부회장
- 주식회사 우리파트너스 이사직

강의 분야 /

- 한국중국 부동산 흐름
- 공유부동산

자격 사항 /

- 동국대 자연치유 자격증
- 명강의 명강사 1급, 리더십지도사 1급, 인성지도사 1급, 스피치지도사 1급, 부모교육상담사 1급(한국상담협회)
- 평생교육강사자격 1급, 노인교육강사 1급
- 기업강사자격 1급(한국교육강사연합회)

수상경력 /

- 스포츠 동아 리더상
- 서초포럼 공로상
- 글로벌최강명인대상
- 2021년 고려대명강사경진대회 최우수상

저서 /

- 명강사 25시(공저)

LESSON 1

프롤로그

저 린다 리는 1971년 중국에서 태어났고, 중국동포 3세이다. 어느새 50 고개가 넘었고, 인생의 반평생을 산 셈이다. 지금은 어느덧 딸 하나 아들 하나 둔 엄마가 되었으며, 한국 남편을 둔 아내이다. 그리고 내 인생에 정말로 자랑스러운 일이 하나 있다면 그것은, 2006년도 30대 중반에 부동산에 종사한 일이다. 중국 상하이에서부터 지금까지 열다섯 해가 된 셈이다. 부동산에서 활동하면서 지금까지 한 번도, 고객의 기대치에 어긋나지 않았다. 참 행복하게 부동산을 하였다.

부동산에 종사한 지 15년 된 사람으로서 저의 경험담을 조금이나마 들려드린다면 우리 독자들에게 도움이 되리다.

LESSON 2

나는 행복한 부동산 세일즈 우먼이다

| 한인들은 2000년부터 전 세계 부동산을 사들이기 시작했다 |

한국인들은 2002년도부터 중국에 와서 중국 부동산을 사는 붐이 일기 시작하였다. 그때는 중국이 부동산 전성기라, 오늘 사서 내일 팔아도 양도세가 1%도 없었다. 발 빠른 서울 강남3구 부동산 투자자들은 중국의 부동산을 사들이기 시작했고 매일매일 오르는 중국 부동산에서 많은 부를 거머쥐기 시작했다. 그 후 중국 정부는 급속도로 오르는 부동산을 인지했는지, 2006년부터 2년 내로 부동산을 팔면 양도세가 붙는다고 정책을 내놓았다. 그럼에도 오르는 부동산을 잡지 못하자 중국 정부는 2008년도에 또, 5년 내로 부동산을 팔면 양도세를 부과한다고 정책을 내놓았다. 중국 상하이, 북경, 심천을 포함한 1선 도시는, 2002년도부터 지금까지 30배 이상 올랐고, 대련, 청도, 하문 등 2선 도시는

10배 이상 올랐다. 그래서 중국에서 아파트로 부를 쌓은 한국인은 한국에서 아파트를 사지 않는다. 한국 대비 중국 아파트 값이 몇 배나 더 올랐기 때문이다.

| 중국 부동산 10년에 대해 말하다 |

- 2006년. 상하이 민항구에 우중루점 공인중개사 사무실 오픈
- 2007년. 상하이 장녕구에 구베점 오픈
- 2008년. 상하이 포동점 오픈
- 2009년. 상하이 송강구에 쥬팅점 오픈
- 2010년. 중성 그룹과 협력하여 "명도성" 아파트 책임분양
- 2011년. 녹지 그룹과 협력하여 "츄샤팡" 별장 책임분양
- 2012~2014년. 한국인타운에서 상가 54개 책임임대 관리
- 2015~2016년. 안휘 석탄그룹과 협력하여 "동방란하이" 사무실 책임임대 관리

2012년도부터 2014년도 한인타워 상가 모습

2000년부터 상하이 부동산은 정말로 '묻지마 투자'였고 지속적으로 올랐다. 저는 10년 동안 고객과 같이했고 고객의 일은 곧 제 일이 되었다. 저희 부동산에서 임대하고 분양 받고 사고판 고객들은 정말로 한 가족과 같았다. 중국의 언어와 생활 습관을 잘 모르는 한인들을 위해서 저희 부동산에서는 가정 살림과 관련된 관리비, 세금, 아이들 학교 다니는 일, 은행 업무 등 일일이 제 도움이 안 닿는 곳이 없었다. 고객들은 항상 저희 부동산에 와서 가정에서 일어나는 일을 사사건건 이야기하곤 했다.

2010년도에 "명도성 아파트"를 분양 받은 고객들의 경우, 50평 아파트가 당시 시세로 중국 돈 530만이었던 것이, 지금은 중국 돈으로 1,600만이 훌쩍 넘었다. 그때 시세 차익 보셨던 고객분들은 항상 린다리를 기쁘게 반겨주시고 가방, 지갑 등 선물을 사주시곤 하였다. 부동산 고객과 고락을 같이하는 것이야말로 나의 진정한 행복이었다. 이렇게 기쁨이 있기까지는 힘든 고난들도 있었다.

부동산 호황기라 하지만 마냥 좋았던 것만은 아니었다. 2013년 상가 임대분양 때, 상가 활성화를 하면서 힘든 상황들이 많았다. 관리비, 임대비를 못 받는 경우가 많아 상가가 정상적으로 조성되는 데까지는 숨 막히는 상황들이 많았었다. 그러나 그 역시 부동산 경험 길에 밑거름이 되어주었다고 생각한다.

| 현재 중국 부동산은 어떠한가 |

현재 중국 부동산은, 부동산을 소유하고 있는 분과 그렇지 않은 분이 하늘 땅 차이가 나기 때문에 빈부 격차가 너무 심하다. 그래서 중국 정부는 2019년부터 행복주택, 임대주택, 청년주택, 공동주택 등등 서민들이 손쉽게 저렴한 가격으로 살 수 있는 아파트를 많이 짓고 있다. 게다가, 마이팡왕, 탠모, 바이두, 아리빠빠 등등 수많은 플랫폼을 출시했다. 부동산을 인터넷 쇼핑몰에서 공동구매, 직구 해 볼 수 있도록 프로젝트를 내놓아, 아파트를 싼 가격에 구매해 볼 수 있는 구조를 만들어 놓았다. 중국인들도 외국인들도 어디서든지 구입이 가능하게 되었다.

중국 상하이 모습

| 앞으로 중국 부동산은 어떻게 될 것인가 |

단기간으로는 아파트 가격이 하락하지 않을 거고, 시기별로 조금씩 오를 것이다. 중국이 땅덩어리가 너무 커서, 일부 발전시키는 곳에서는 1가구 다주택 정책도 한동안 펼칠 것이며, 그에 맞춰 세금 정책도 지역별로 다르게 펼칠 것이라고 본다. 그러나 부동산으로 큰돈 버는 시기는 더 이상 도래하지 않을 것이라고 예측한다.

한국 부동산에 대해서

한국 부동산은 88올림픽부터 서서히 오르기 시작하면서, 강남 3구와 같이 신도시가 발 빠르게 오름세를 보였다. 특히, IT 산업이 발전하면서 분당 지구가 먼저 뜨게 되었고, 판교도 뜨기 시작하였다.

2008년도 미국발 금융위기와 2012년 그리스 금융위기 때, 서울을 포함한 수도권에서는 아파트 가격이 주춤했으나, 제주도와 부산은 꿈틀거리기 시작했다. 한국 정부는 2011년도에 제주도를 키우기 위해, 외국인에게 각종 유리한 부동산 정책을 펴놓기 시작했다. 중국인이 한화 3억을 투자하면 영주권을 주는 정책을 놓기도 하였다. 또한 중국인이 제주도에 비자 없이 왔다 갔다 할 수 있게 하였다. 그리하여 대륙 부동산 투자자들이 제주도에서 토지, 아파트, 타운하우스, 펜션, 호텔 등을 구입하기 시작하였고, 심지어 그 당시 중국에서 제일 규모가 큰 국영 녹지 그룹이 한화 그룹과 협력하여 제주도에 드림타워 빌딩도 세웠다.

2014년도에는 부산 해운대 특구가 생기면서, 초고층 아파트를 짓기 시작하였다. 그리하여 엘타워 같은 100층짜리 명품 아파트가 나오기까지 하였다. 해변가를 못 보던 중국 내륙인들이 부산을 사들이기 시작했고, 쓰나미와 지진에 지친 일본인들이 부산에 살고 정착하기 시작했다. 연이어 외국 투자자들은 2016년도, 서울 강남 테헤란로를 공략하기 시작했다. 중국 돈이 비싸지고 한국 돈 환율이 낮아지면서, 테헤란로에 중국인들이 빌딩들을 많이 사들이게 되었고, 각종 뉴스와 신문에 오르내리며 이 소식이 자자하게 되었다. 그리고 2018년도에는 한류의 순풍에 힘입어, 중국인들이 한국의 랜드마크 '123층 롯데월드타워' 또한 순조롭게 살 수 있었다.

| 한국 부동산 10년에 대해 말하다 |

- 2011년. 제주도 "라운프라이빗타운" 중국 측 책임분양
- 2012년~2013년. 제주시, 서귀포시 토지 중국 측 책임분양
- 2014년. 부산 해운대 '힐스테이트' 아파트 중국 측 책임분양
- 2015년. 부산 "마린시티" 중국 측 책임분양
- 2016년. 서울 테헤란로 빌딩 중국 측 책임분양
- 2017년. 재한 중국동포 상대로 1호선 라인 대림동에서 인천까지 주거형 오피스텔 분양
- 2018년. 123층 롯데월드타워 "시그니엘 레지던스" 중국 측 책임분양
- 2019년~2020년. 한국 토지 분양
- 2021년~현재. 서울 아파트 분양

평택항 모습

린다 리가 평택항을 소개하는 모습

제가 한국에서 분양한 지하철 1호선 라인의 주거형 오피스텔은, 4년이란 시간을 거쳐 1억 이상 올랐고, 한국 토지는 적게는 2배 많게는 5배 올랐다. 롯데월드타워는 연 수익률이 4%에서 7%가 넘었다. 제 고객들은 항상 저에게 고마워했고, 저는 한국에서 하루도 쉬지 않고 열심히 부동산을 했다. 2019년도에는 발까지 골절이 되었지만, 절뚝거리면서 아파트를 분양했다. 상하이 기후는 춥지 않은데, 그해 한국 겨울은 특히 유난히 추웠다. 밖에서 으스스 떨면서 세일즈 했고, 여름이면 더운 날에 땀을 줄줄 흘리면서 부동산 일을 다녔다. 게다가 방학 기간이라서 어린 아들아이를 데리고 다니면서 분양 사무실에 다녔다. 그리하여 한국에서 알아주는 부동산 세일즈 우먼이 되었다.

| 현재 한국 부동산은 어떠한가 |

2020년도에 부동산 정책이 몇 번 바뀌면서, 1가구 1주택, 과중한 종부세, 양도세하에 투자처가 오피스텔, 생숙 시설, 토지로 몰리기 시작했다. 그러나 아파트는 작년부터 올해까지 평균 2배로 뛰었다. 앞으로도 계속 더 오를 것이다. 정부는 임대주택, 행복주택, 청년주택, 지주택 등등 많이 내놓기는 했지만 역부족이다. 그리고 단일 시기에 완성된 건물을 내놓기는 힘들다. 모두 빨라야 4~5년 걸린다. 그러므로 당분간은 부동산 과열이 있을 수밖에 없다.

현재 린다 리 모습

| 한국 부동산의 미래는 |

빈부 차이를 없애고 누구나 살 수 있게 무주택자 우선으로 갈 것이다. 정부는 저가 아파트를 계속 내놓을 것이며 부동산 과열지구인 서울 도심에서 경기도 일대와 교외 지역으로 퍼져 나갈 것이라고 본다. 서울을 포함한 수도권역 부동산은 가격이 내리지 않는다고 예측한다.

지금까지, 행복한 부동산 세일즈 우먼 린다 리입니다.

LESSON 3

인생의 보람찬 시간들

| 중국에서의 봉사활동 |

삶에서 기쁨, 슬픔, 힘듦, 뿌듯함 등이 있었어도 부유한 가정환경에서 자란 나는, 내가 아는 세상만 이 세상이다 생각했던 것도 사실이다. 세상과 사람들에 대해 더 알아가게 된 시간들이 있으니, 바로 봉사활동을 통한 깨달음의 시간이다. 그래서 이번에는 그 시간들에 대해 나눠보려고 한다. 2012년~2015년 애심어머니협회 상하이 지회장을 할 때의 일이다. 애심어머니 후원 활동을 하면서 부모가 없는 아이들과 몸이 불편한 사람들을 도왔던 것이 인상 깊다.

부모 없는 아이들을 꿈나무 숨터에서 합동으로 키우면서 그 아이들을 위해 상하이 기업가들에게 홍보하였다. 그리하여 각 기업가들에게 후원금을 받아 우리 한민족 핏줄인 연변 조선족 고아들한테 학교 학비와 생활비를 매년 후원하곤 했다. 1년에 한 번씩 열리는 연변 애심어머니 후원 대회에서 우리 조선족 고아 아이들은 우리에게 "어머니, 고맙습니다."라고 했다. 눈시울에 눈물이 글썽하곤 하던 아이들의 그 모습이 지금도 제일 인상 깊다. 때마다 상하이에 가서, 더 많은 기업인들에게 아이들에 대해 알려, 더 많은 후원금을 장만해서 보냈다. 나 개인도 가능한 사회 생활비를 아껴 써서 그 아이들을 더 많이 후원하려고 다짐하게 되곤 했다. 우리가 후원한 것으로, 아이들이 무럭무럭 잘 자라고, 명랑한 목소리로 학교생활에 대해 발표할 때마다, 후원하는 일이 힘들고 쉽지 않은 일이지만 잘했다는 뿌듯함, 행복과 보람을 느끼곤 했다.

아이들에게 필요한 자금과 물품을 지원할 뿐만 아니라, 정신적으로도 도움 주기 위해 노력하였다. 기업과 가정에서 보지 않는 도서들도 주기적으로 보내주고, 중국의 명문 대학들을 구경시켜주면서 미래에 대한 꿈도 키우도록 도왔다. 협회 회원 가정에서 재워주고 책도 읽어주고 맛있는 음식도 하여 주면서, 부모 없는 아이들이 따뜻한 손길을 받게 해주었다.

또한, 나는 봉사하기 전에는 장애인들만 보면 눈을 돌리고, 무서워서 보지 않으려고 했다. 그러나 몸이 불편한 사람들을 도우면서 사람들에 대한 이해가 깊어지게 되었고, 마음도 생각도 성숙하게 되었다. 후원할 때면, 장애인분들을 그리도 무서워하던 내가 놀라운 모습이 되었다. 내 마음속 어디에서 자상한 마음이 나타나서는 온 마음이 선하게 되었다. 장애인들을 일일이 안아주고 위로해주곤 한 것이다. 나 자신이 신기할 만큼 나는 그들을 위하는 사람이 되어 그들을 도왔다. 몸이 불편한 사람들에게 필요한 물품과 돈을 지원해주기도 하고 그들에게 구두 수선 가게, 의류 수선 가게, 컴퓨터 수리 가게 등등 일터 마련을 해주어, 장애인들이 스스로 자급자족해볼 수 있게 만들어 주었다.

| 한국에서의 봉사 |

2016년도부터 한국에 와서는 중국동포연합중앙회 여성회 수석부회장으로서 활동해보게 되었다. 재한중국동포들이 많이 사는 대림, 성남, 안산 등등 곳곳에 있는 장애인, 암 투병을 하는 분, 독거노인, 형편이 좋지 않은 분들을 도왔다. 평소 생활에 필요한 쌀이며, 계란, 빵, 마스크 등등 물품을 기부하고 후원해주기도 하였다. 대림2동 동사무소 동장님은 감격에 찬 목소리로 "매년 여성회에서 후원한 물품들이 대림동에 사는 독거노인들과 저소득층들에게 전달되어 잘 생활하고 있다."라고 깊이 고맙다고 말씀하시곤 하였다.

또한, 로타리 클럽 회원으로서 봉사하면서 노숙자들, 장애인들한테 지원하는 봉사도 하였다. 그리고 아픈 아이들과 힘든 이웃들, 노숙자분들 등을 돕는 새생명 복지재단에 정기적으로 후원하고 있다. 봉사를 통해 한국에서의 생활이 더욱 빛나고 보람 있다. 나의 봉사 길은 계속 계속될 것이며, 인생 힘닿는 데까지 할 것이다.

LESSON 4

글을 마무리하면서

지금까지 반평생 정도를 살아 왔다. 살아온 시간도, 사람의 한평생 인생이라는 것도 유구한 지구의 역사 속에서는 금방인 시간. 이 세상에 머무르게 되면서 기쁨, 슬픔, 고통, 보람 등을 겪고 느끼면서 살아가고 있다. 이번에 고려대 명강사 코스에 참여하게 되면서 식견도 넓히게 되었고, 좋은 분들도 두루 만나게 되었다. 또한 지면을 통해서, 이렇게 함께 삶에 대해 돌이켜보는 시간도 갖게 되어 감회가 깊다.

삶과 경험을 나누려고 노력했다. 글자를 통해 어떤 모습으로 여러분과 만나는 것이 좋겠는지 생각에 생각을 거듭했다. 지금도 종사하고 있고 계속 종사해 왔으며 행복이 되어온 부동산 일에 대해서, 그리고 사람들과 삶을 나눈 봉사활동에 대해서 이야기했다. 그 과정에서 이렇게 한글로 글도 써보게 된 것이다.

저는 한국인 어머니를 두고 있는 덕으로 어린 시절부터 한국어를 익힐 수 있었고, 지속적으로 한국어를 접했다. 한국에 계속 살면서 지금은 한국어 표현도 상당히 숙지하게 되었다. 한국에서의 생활이 참 즐거운 제가 일상에서 자연스럽게 한국어로 소통하고 있어도, 말과 글은 같지 않다. 그리하여 이번에 한국어로 삶에 대한 글을 작성하면서 노력도 많이 했다. 한국어와 한국 문화에 대해서도 많이 배웠다.

이번에 15기 원우들과 함께 삶과 생각, 경험들을 나누고 희로애락을 같이해서 진심으로 기쁘다. 코로나19로 전 지구에 힘든 시간들이 지속되고 있다. 항상 기쁘지만 않고 아프기도 하고 힘들기도 한 이 세상, 힘을 내어 모두 잘 버텨냈으면 한다. 감사합니다.

PART 6

소통하라!
행복이 뚫린다

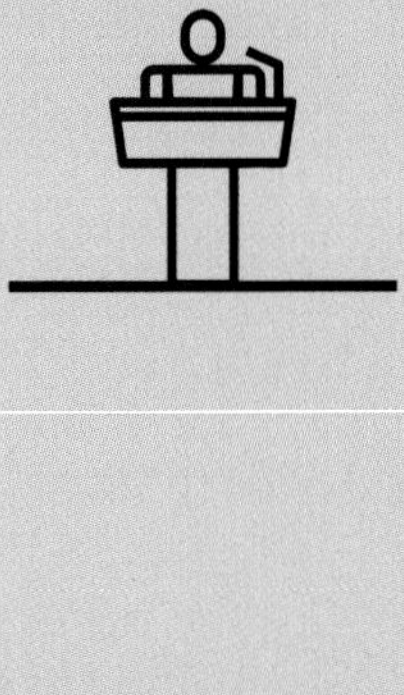

송채연

Mobile 010-6420-3523
Email rosesong7@nate.com

학력 및 경력사항 /

- 고려대 명강사 최고위과정 15기 교육부회장
- 참안산 13기 아카데미 수료
- 안산공과대학 사회교육원 디지털포토아카데미 수료
- 흥국화재 교육매니저 재직

강의 분야 /

- 암.뇌.심 3대질병진단비의 필요성
- 치매.간병보험의 필요성
- 가족 간의 소통

자격 사항 /

- CS강사 1급
- 명강의 명강사 1급, 인성 지도사 1급, 리더십 지도사 1급, 스피치 지도사 1급, 부모교육상담사 1급(한국상담협회)
- 기업강사자격 1급, 평생교육강사자격 1급, 노인교육강사 1급(한국교육강사연합회)

수상 경력 /

- 2019 흥국화재 강의경연대회 2위

저서 /

- 명강사 25시(공저)

LESSON 1

들어가며

아무것도 하지 않으면 아무 일도 일어나지 않는다. 나는 이 말을 가장 좋아한다. 보통은 항상 계획을 세우고, 내일부터 이렇게 해야지라고 말한다. 그러면 변화가 일어나지 않는다. 100분의 1이라도 당장 시작을 해야 한다. 사실 고려대 명강사 과정도 소개받고 15기 수업이 가을, 겨울이라 내년 봄에 시작할까 망설였다. 내가 추위에 약하기 때문에 왕복 4시간을 왔다 갔다 하기가 쉽지 않을 거라 예상했다. 그러나 이번에 신청하지 않으면 또 미루게 될 것 같다는 생각과 올해가 가기 전에 뭐라도 하나 해 보자는 마음이 컸다. 고려대 명강사 최고위과정을 시작한 지도 벌써 절반이 지나가고 있다. 이 과정이 아니었다면 내가 이런 공저에 참여나 할 수 있었겠는가. 글을 쓴다는 것을 상상해보지 않았다.

주제를 고민하다가 지금까지 내가 가장 힘들었고, 힘들지만 간과할 수 없는 관계 소통에 대해서 쓰고자 한다. 먼저 가장 쉬운 것 같으면서도 가장 어려운 부모님과의 관계, 두 번째는 아이들이 성장하면서 겪고 있는 자녀와의 관계, 세 번째는 무시할 수 없는 자연과의 관계이다. 그럼 시작해볼까?

LESSON 2

부모와의 소통

우리 집은 3대가 함께 산다. 1950년대생 부모님과 1980년대생 우리 부부, 2010년대생 자녀까지, 처음부터 그런 건 아니었다. 첫아이를 출산하고 3개월 출산휴가를 받고 1년 육아 휴직을 하기로 되어 있었는데 3개월 집에 있으니 미칠 것 같았다. 그래서 사장님께 "저 출근하고 싶어요."라고 전화 드렸더니 원하면 그렇게 하라고 하셨다. 바로 집 근처 어린이집을 알아보았다. 다행히 돌 이전 아기를 돌봐주는 어린이집을 발견하고 바로 딸아이를 보내기로 했다. 그리고 다시 출근을 했다. 이후로 큰 딸아이를 어린이집에 맡기고 출근하고, 퇴근하면서 아이를 데려오고 하는 일을 반복하면서 아이를 키웠다. 그러나 아이를 위해서 눈치를 보면서 칼퇴근을 해야 하는 나에게 직장생활도 쉽지 않았다. 너무 힘들었다. 포기하고 싶었다. 두 번 다시 내 인생에 아이는 없다고 생각했다. 그러나 하늘은 나를 너무 사랑했나 보다. 6년 만에 뜻하지 않은 둘째를 선물로 주셨다. 이런 동기로 부모님과의 불편한 동거가 시작되었다.

부모님과의 관계는 한마디로 애증 관계였다. 정말 좋기도 하지만, 정말 불편하기도 하다. 지금 이렇게 이야기할 수 있는 이유는 부모님과의 관계가 그나마 안정기에 접어들었기 때문이다.

나는 H화재라는 보험회사에서 9년 차 교육매니저로 근무하고 있다. 매일 다른 보험을 파는 대리점을 방문하여 니즈 및 상품 강의를 한다. 처음 방문한 곳에서 이런 말도 들었다. "말을 못하게 생겼는데, 그 작은 체구에서 어떻게 그런 목소리가 나와요?" 내가 마른 체격이라 목소리도 작을 것 같고, 너무 평범하게 생겨서 강의도 못할 것이라 생각하시는 것 같았다. 자주 이런 반응이 있었다. 나는 이런 반응을 즐긴다. 매일 다른 곳을 가다 보니 출퇴근 시간이 정확하지 않았다. 새벽에 나가야 할 때도 있고, 늦게 들어오는 날도 많다. 1박으로 지방을 다녀오는 날도 있다. 그럴 때 육아에서 해방되어 오고 가는 기차 안에서 힐링을 했다. 부모님이 애들을 돌봐주지 않으셨다면 이 모든 것들을 진즉에 포기했을 것이다.

엄마가 우리 아이의 육아를 해주셔서 너무 감사했지만 부모 자식이라 해도 맞춰가기는 쉽지 않았다. 처음 2년은 정말 지옥이었다. 울면서 회사를 다녔다. 차라리 회사를 그만두고 내가 아이들을 돌봐야겠다고 생각했었다. 육아카페에 상담 관련 글을 올렸다가 M방송사 〈부모님,

애 좀 봐주세요〉라는 다큐멘터리에 출연하기도 했다. 그랬더니 S방송사 황혼육아 주제 프로그램의 촬영 요청이 들어오기도 했다. 방송사에서 친정아버지를 인터뷰하러 부산까지 다녀왔었다. 방송을 보면서 몰랐던 부모님의 속마음을 알게 되었다. 그렇게 자식만을 생각하신다는 것이 바보 같았다. 내가….

나의 엄마, 아빠는 강하신 분들이다. 지금도 그렇다. 어쩌면 그래서 평상시에 내가 말이 없는지도 모른다. 내가 강의를 한다는 것이 믿기지 않을 수도 있을 것이다.

강하고 센 부모님과 나는 많이 부딪혔다. 처음에 엄마가 먼저 우리 집으로 들어오셨는데 점점 주방이 엄마 스타일로 변해가고 있었다. 같은 집에 사는데 엄마랑 점점 말을 안 하기 시작했다. 내 방식이 있는데, 내 집인데 이런 생각에 엄마에게 불만이 많았다. 내 물건이 어디에 있는지 모른다. 항상 엄마에게 물어봐야 했다. 이런 상황들이 너무 싫었다. 왜 엄마가 내 물건의 자리를 옮겨서 항상 물어봐야 하는지… 주방은 내가 포기했다. 어차피 엄마가 거의 주방 일을 하시니까….

엄마와 적응했을 때쯤 아빠가 정년퇴직을 하시고 올라오셨다. 물론 우리가 오시라고 적극 권했다. 친정집이 부산이라 엄마가 오신 후 아빠 혼자 부산에서 밥해 드시면서 직장생활을 하셨기에 퇴직하시면 정리하고 함께 있는 게 좋을 듯해서였다. 물론 각오는 했다. 아빠와의 갈등을….

엄마보다 훨씬 센 아빠가 오셨다. 역시나 말다툼이 일상이 되어 가고, 나는 말이 없어져 갔다. 부모님은 내 방식이, 나는 부모님 방식이 마음에 안 들었다. 한번은 아빠와 크게 다퉈서 약을 먹고 죽으려고 했었다. 밤늦게 공원 주차장에 가서 감기약 2통을 입에 털어 넣었다. 어설프게 자살 방법을 알았는지 멀뚱멀뚱 밤을 새우고 다시 집으로 돌아왔다. 우리 가족은 이런 사실을 전혀 모른 채 평상시처럼 행동했다. 다시 반복되는 일상을 보내면서 싸우고 풀고 또 싸우고 풀고를 반복하면서 지내기를 8년….

65년을 살아오신 부모님을 내가 바꿀 수는 없었다. 내가 짧았다. 우리 부모님은 한국전쟁 후 태어난 베이비부머다. 전후 폐허가 된 땅에서 자신도 책임지고, 부모도 봉양하고, 자식인 나까지 키우느라 얼마나 힘들었을까? 생각하니 먹먹했다. 나는 우리 두 아이 키우기도 무척 힘든데… 부모님과 함께 8년 동안 살면서 내 생각이 바뀌어 갔다. 나도 늙어 가는데, 부모님을 조금만 더 이해하고 감사하자….

지금 우리 사회는 고령 사회로 65세 이상 인구비율이 14%가 넘었다.

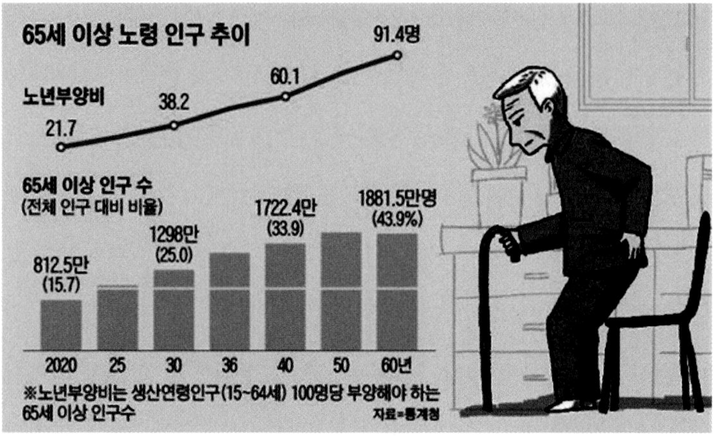

출처: 통계청 노령 인구 추이

2025년도가 되면 65세 이상 인구비율이 20%가 넘는 초고령 사회로 진입할 것이라고 한다. 이 세대가 바로 우리 부모님 세대이다. 모른 척할 것인가. 내가 할 수 있는 일은 무엇인가까지 생각이 커져 가고 있다. 부모님 세대와 물론 갈등도 있지만 나도 그렇게 늙게 될 것임을 알기에 어떻게 하면 조금 더 재미있게 지낼 수 있을까 고민한다.

집에서 내가 부모님께 해 드리는 것은 흰머리 올라오면 염색해 드리기, 아빠 커트해 드리기가 있다. 미용 자격증 같은 것은 없다. 2013년도에 둘째 아들을 출산했는데 미용실에 가면 자지러지는 아들을 위해서 바리캉을 구입했다. 아기인데 뭐 실패해도 크게 신경 안 써도 되지 않나 하는 생각으로 아들 머리를 지금까지도 깎아주고 있다. 그걸 보시고 아빠도 나에게 항상 이발을 해달라고 하신다. 이발을 하면서 나는 조그마한 꿈이 생겼다. 좀 더 나이 들어 내가 어디에 살게 될지는 모르겠지만 동네 어르신들 커트나 염색 봉사를 하고 싶다는 마음이….

부모님과 함께 사니까 행복하다. 이제는 우리 집에 엄마, 아빠가 없으면 안 된다. 우리 부부를 위해, 우리 아이들을 위해 항상 희생하시는 부모님 마음을 알기에 참을 건 참고, 상의할 건 상의하고… 그게 가족이라는 걸 알았다.

가족관계가 제일 힘든 것 같다. 쉬운 듯하면서도 어려운 가족 간의 대화 시 가장 가까운 사이일수록 예의를 지키려고 한다. 그런데 우리는 그것을 잊어버리고 익숙할수록 무시해버린다. 힘들거나 괴로울 때 가깝고 믿을 만한 사람과 대화를 하는데, 가족은 내 속마음을 알고 이해해 줄 거라고 생각한다. 그러나 말을 안 하면 가족도 모른다. 그래서 가족관계가 어려운 것 같다.

우리 가족은 1주일에 한 번씩 식탁에 앉아 서로에게 하고 싶은 말을 하기로 했다. 한 명씩 돌아가면서 엄마에게, 할머니에게, 동생에게 부탁하고 싶은 말이나 고쳐줬으면 하는 말을 한다. 처음에는 익숙지 않아 잘 안 되었다. 그런데 시간이 약이라고 했던가. 그렇게 보내온 우리 가족은 이제 조금씩, 천천히 변해가고 있다. 절대 쉽지 않지만….

지금 소원은 부모님이 건강하게 계속 함께 있어 주셨으면 하는 거다.

LESSON 3

자녀와의 소통

우리 부부에게는 세상에서 제일 무섭다는 중학교 2학년 딸아이가 있다. 천방지축 똑땍이 초등학교 2학년 아들도 있다. 어른들이 밥 안 먹어도 배부르다는 게 이런 느낌일까? 주위에서 다들 부러워한다. 딸도 있고 아들도 있다고, 금메달이라며…. 친한 언니가 둘째 초음파검사를 받는 데 따라갔었다. 둘째도 아들이라는 말을 듣고 울었던 언니를 위로해주고자 편의점에서 바나나우유를 사 주었다. 그 언니와 지금도 그 얘기를 하면서 웃곤 한다.

중학교 2학년 딸아이는 긍정의 여왕이다. 너무 고맙다. 아기 때부터 잘 먹고 잘 자고 잘 웃고 그래서인지 주위 사람들이 딸아이를 좋아한다. 지금까지 상담 때마다 선생님들은 한결같이 ○○이는 잘 웃고 친구들과 잘 지낸다고 칭찬을 해주신다. 중학교 2학년이면 여자는 여자

끼리, 남자는 남자들끼리 친한데 ○○이는 그런 거 없이 고루 다 잘 지내고 친구를 가리지 않는다고 한다.

난 첫딸을 낳고 남자처럼 키워야겠다고 생각했다. 어릴 때도 분홍색보다는 대부분 파란색을 사다 입혔다. 딸아이는 인형을 갖고 놀지 않았다. 의외로 자동차를 좋아했었다. 집에 자동차 종류의 장난감은 있었지만 여자아이들이 가지고 놀 수 있는 인형은 없었다. 지금 생각해도 놀랍다. 여자아이라고 여성스럽게 키우고 싶지 않았던 나의 영향인 듯하다.

둘째는 초등학교 2학년 아들이다. 6년 만에 둘째를 가졌을 때 불안했다. 또 딸이면 어쩌지? 우리 엄마도 딸만 둘 낳았는데, 사람들이 그렇게 생각할까 봐 혼자 말도 안 되는 생각을 했었다. 다행히 아들이어서 얼마나 기뻐했는지 아무도 모를 것이다. 모든 것을 얻은 것 같았다.

둘째 아이는 거의 할머니 손에 컸다. 앞에서 말했듯이 둘째를 출산하면서 엄마가 우리 집에 들어오셔서 육아를 해주셨다. 둘째는 세상에서 할머니를 가장 좋아한다. 할아버지가 할머니한테 큰소리를 내거나 잔소리라도 한다 치면 둘째가 바로 나선다. 할머니는 세상에서 가장 행복해하신다. 둘째는 아기 때부터 잘 먹지 않고 잘 자지 않고 잘 울었다. 첫째와 완전 반대였다. 아기 때 너무 힘이 들었다. 돌 때까지 먹고 나면 2시간마다 깨서 울어대서 난 잠을 자고 출근을 했는지 기억이 안 난다. 비몽사몽간에 출근할 때가 한두 번이 아니다. 잠을 제대로 못 자니 살이 절로 빠지고 해골이 되었었다. 몸도 마음도 지쳤었다. 다시는 돌아가고 싶지 않다. 어느덧 초등학교 2학년인 둘째는 성숙한 사람이 된 것 같다.

아이들을 키우면서 내가 가장 좋아하는 사람은 오은영 박사님이시다. 나뿐만이 아니라 세상의 모든 아이 부모들은 오은영 박사님 책이나 프로그램을 많이 보면서 배우고 있다. 부모가 처음인 우리들에게 방법도 알려주시고 위로해주시는 분, 정말 대단하시고 존경한다. 이 글을 쓰는 오늘도 오은영 박사님이 나오는 TV 프로그램을 보면서 울었다.

최근에 중학교 2학년인 딸이 많이 변했다. 난 공부를 위해 학원을 꼭 가야 한다고 생각지 않는다. 그래서 1학기 때까지는 EBS 온라인으로 예습과 복습 등을 하도록 했다. 딸과 상의하여 결정한 일이다. EBS를 시작하기 전에 내가 먼저 강의를 들어보았다. 내가 어릴 때 들었던 EBS와는 완전 차원이 달랐다. 선생님들이 강의를 재미있게, 입체감 있게 한다고 느꼈다. 그래서 딸에게도 권했다. 코로나로 중학교 입학식도 못 한 딸은 학교 수업도 거의 온라인, 방과 후 수업도 온라인으로 하다 보니 혼자 하는 게 힘들었던 것 같다. 그런데 본인이 2학년 1학기 첫 시험을 치르고는 학원을 보내달라고 요구했다. 주위 학원을 알아보고 영어와 수학을 다니기 시작했다. 중학교 2학년 2학기 때부터. 주위에서 나보고 미쳤다고, 왜 신경을 안 쓰냐고 했다. 왜 이제야 학원을 보내냐고 구박을 받았다.

비싼 학원비 줘서 보내면 학원에 가서 놀고 오는 아이들이 많다. 다행히 재미있어 하고 열심히 스스로 공부하니 내 잔소리도 사라졌다. 어쨌든 공부를 안 할 수는 없으니, 공부에 흥미를 갖게 하기 위해 노력을 했다. 입시 위주인 우리나라, 아직도 이렇다. 내가 어릴 때 입시 위주 공부를 했는데 지금도 별반 차이가 없는 것 같다. 안타깝다.

자녀를 변화시키려면 부모가 먼저 변해야 된다는 결론을 얻었다. 아이들을 키우면서 나도 바뀌었다. 일단 TV를 평일에는 거의 안 본다.(뉴스는 매일 보려고 한다. 매일 강의를 하니 세상 물정을 알아야 하니까.) 내가 퇴근해서 TV 앞에만 앉아 있으면 어떻게 돌아갈지 뻔하다. 나는 TV를 보는데 아이들에게 시키기만 한다고 아이들이 따라오겠는가. 피곤하지만 정시에 퇴근해서 일찍 오면 저녁 먹고 아이들과 산책을 나간다. 돌아와서 아이들 공부를 봐준다. 그러면 잘 시간이다. 우리 집은 늦어도 10시에는 소등이다. 주말 빼고는… 이래서인지 우리 집 두 아이는 일찍 자고 일찍 일어나는 편이다.

이런 일상이 사실 힘들 때도 있다. 유독 힘든 날은 집에 와서 뻗고 싶은데 중딩은 중딩대로, 초딩은 초딩대로 봐줘야 할 것들이 있으니 쉴 수가 없다. 나이 차이가 6살이나 되다 보니 둘 다 각각 케어를 해줘야 한다. 그럴 때면 화살은 남편에게 돌아간다. 전화해서 당신은 일만 하면 되지 않냐고, 난 일도 하고 애들도 봐줘야 하고 부모님도 챙겨야 하고 너무 힘들다고 소리를 지른다. 그러면 착한 남편은 "미안해! 힘내!"라고 말해준다. 우리 부부는 주말부부이다. 남편은 한 달에 두 번 정도 집에 온다. 2주에 한 번 정도 오기에 모든 집안일은 거의 내 책임이다. 자녀 문제도 내가 해결해야 하는 부분이 많다. 요즘 조금 편해진 건 첫째 딸이 스스로 학습을 하기에 내가 거의 신경을 안 쓴다. 이제는 둘째 아들만 퇴근 후 집에서 나와 1시간 정도 학습을 도와준다.

요즘 부모들은 생각이 많이 다른 것 같다. 나도 젊은 편인 것 같지만, 젊은 엄마들을 보면 이해 안 가는 경우가 많다. 밖에 나가면 남에게 피해를 안 끼치는 선에서 자유를 줘야 하는데, 자기 자녀의 잘못은 생각도 안 하고 상대방 탓만 한다. 오죽하면 자기 자녀밖에 모르는 도치맘, 맘충이라는 단어가 생겨났겠는가. 그런 부모 밑에서 무엇을 배우고 자랄까? 저 아이도 커서 보고 배운 대로 할 것이다. 그래서 나는 앞으로 세상을 살아가야 할 우리 아이들이 걱정된다. 주위에 정상적인 사람들이 많아야 할 텐데….

아이들이 커가면서 갈등도 점점 생긴다. 첫째는 첫째대로, 둘째는 둘째대로 1:1로 산책을 하면서 아니면 데이트를 하면서 아이들과 대화를 많이 하고 아이들 생각을 듣는다. 놀랍게도 아이들의 기발한 생각도 듣게 되고, 요즘 관심사도 알게 된다. 최대한 친구처럼 대해주고 싶

파주헤이리마을 게임박물관 아스카에서

고, 느끼게 해주고 싶다. 가장 중요한 것은 들어주기 같다. 이야기를 듣고 판단을 해서는 안 된다. 그러면 두 번 다시 이야기를 해주지 않는다. 견해가 다르더라도 서로를 이해하고 존중하고 있다는 것을 느끼게 해주어야 아이들과 소통이 된다.

첫째가 나를 친구처럼 느낀다고 말했다. 첫째가 딸아이이다 보니 나랑 소통을 많이 한다. 나도 회사 일을 아이에게 의논하기도 한다. 2019년도에 회사에서 강의경연대회가 있었다. 10분 분량의 강의를 준비하는 과정에서 첫째가 많이 도와주었다. 타이머를 재면서 딸아이 앞에서 강의 시연을 했다. 딸아이는 듣고 느낀 점을 말해 주었다. 이번에는 말이 빨랐어라든지, 엄마 나도 알아들을 수 있는 정도야라든지… 그런 연습 과정에서 나도 더욱 자신감이 생겼고 도움이 많이 되었다. 대회에 나가 전국에서 2등을 하여 상금도 70만 원 받았다. 첫째에게 10%를 주겠다고 약속을 했었기에 7만 원을 주었다. 딸아이는 1등을 못 했다고 아쉬워했었다. 1등 상금이 100만 원이었기 때문이다. 그리고 첫째는 디자인에 관심이 많고 잘하는 편이다. 매달 자료 교안과 리플릿을 만들 때 첫째에게 조언을 구하기도 한다. "이달 거야. 이렇게 만들었어. 느낀 점을 말해 봐!"라고 하면 신랄하게 비판해준다. "색상이 맞다고 생각해? 이 배경이 어울린다고 생각해?" 무서운 아이이다.

아이들과 소통해 나가고 있다. 아이들이 지금처럼만 밝고 건강하게 자라기를 바란다. 아이들이 건강한 몸과 건강한 생각을 가질 수 있게 길잡이 역할을 위해 아직도 배우고 있는 중이다.

LESSON 4

자연과의 소통

우리가 어디에서 살고 있는가? 바로 지구이다. 지구에서 모든 것을 얻는다. 이렇게 소중한 지구를 우리는 어떻게 사용하고 있는가? 과연 이런 생각을 하는 사람이 얼마나 될까? 환경에 관심이 있는 이유는 아이들 때문이다. 우리 세대는 괜찮지만, 아이들 세대가 걱정이 된다. 요즘 아이들은 불쌍하다. 미세먼지 때문에 마스크를 쓰고 다녔었는데, 지금은 코로나라는 호흡기 질환 때문에 마스크를 매일 쓴다. 숨도 제대로 못 쉬는 환경에서 우리 아이들이 산다는 것이 안타깝다. 그래서 자연환경을 위해 내가 할 수 있는 일이 무엇인가에 관심을 가지기 시작했다. 디자인에 관심 많은 딸이 재난 없는 깨끗한 세상을 상상하고 그린 그림이다.

어느 날 TV에서 쓰레기 섬을 보았다. 충격이었다. 먼 태평양 바다에

경기도민 문화의 한마당 중등부 특선

우리나라 글씨가 쓰인 쓰레기가 있었다. 태평양에 우리나라보다 7배나 큰 쓰레기 섬이 있다고 한다. 그중 99%가 썩지 않는 플라스틱 쓰레기였다. 플라스틱 병이 썩는 데 500년 이상이 걸린다고 한다. 우리가 매일 생수 1병씩만 마신다고 가정해도 우리의 지구는 어떻게 될까? 이렇게 바다가 오염되면 해산물이 오염되고, 해산물을 먹게 되는 우리는 어떻게 될까? 상상만 해도 끔찍하다. 플라스틱이 분해되면서 미세플라스틱이 되는데, 이것을 바다생물들이 먹는다고 한다. 플라스틱 빨대가 코에 끼여 구조된 바다거북을 기억할 것이다.

미미하지만 자연환경을 보호하기 위해 아이들과 동네 쓰레기 줍기, 플라스틱제품 덜 사용하기, 장바구니 들고 다니기 등을 실천해 왔다. 예전에는 장 볼 때 일회용 비닐봉지에 물건을 담아 왔지만, 이제는 가

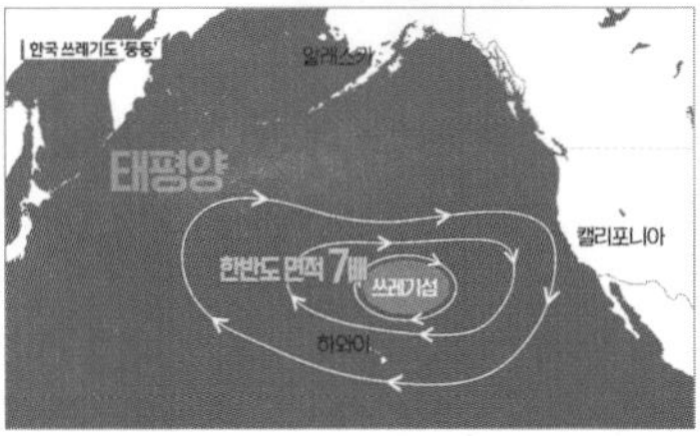

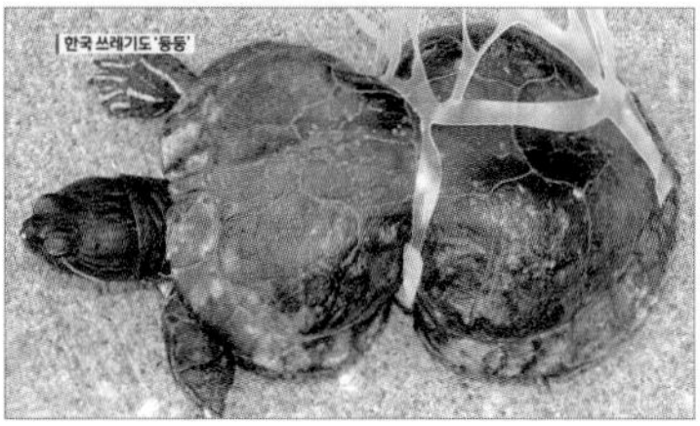

방 속에 장바구니를 들고 다닌다. 그리고 텀블러를 들고 다니려 노력하는데, 실은 잘 안 된다. 가방이 무거워지는 것이 싫어서 잘 안 들고 다닌다. 대신 스스로 종이컵 하나로 하루 종일 사용하기를 실천한다. 대부분 사람들이 종이컵을 한 번 쓰고 버리고, 또다시 새것을 사용한다. 나는 아침에 종이컵에 믹스커피 한 잔을 타서 마시고는 오늘은 이 컵과 하루를 함께하자고 마음속으로 다짐한다. 커피를 마시고, 컵을 한 번 헹궈서 퇴근 시까지 생수를 여러 번 떠서 마신다. 스스로가 뿌듯하다. 사용하지 않으면 더 좋겠지만 하나로 잘 버텼다고 위안을 한다. 매일 같은 사무실에서 근무하면 텀블러를 가져다 놓고 쓰면 되는데, 매일 다른 곳을 다니다 보니 휴대하기가 쉽지 않다. 핑계이겠지만….

이런 작은 행동이 과연 변화를 가져올까 의문이 들 때도 있지만 '나비효과'라는 말이 있지 않는가? '나비효과'란 어느 한 곳에서 일어난 작은 나비의 날갯짓이 지구 반대편에 태풍을 일으킬 수 있다는 이론이다. 사소한 변화가 전체에 막대한 영향을 미칠 수 있음을 이르는 말로 미국의 기상학자 '로렌즈'가 처음 사용한 말이다. 무시할 수 없는 말 '나비효과'를 믿는다.

일회용품 사용 줄이기, 재활용하기, 나무 한 그루 심기, 지역 식품 사먹기, 전기 플러그 뽑기, 물 아껴 쓰기 등 나무 심기를 빼고는 그래도 우리가 쉽게 할 수 있는 일들이다. 그러나 무심코 길들여진 습관 때문에 잘 안 된다.

안 쓰는 전기를 끄라고 외치시던 우리 아버지, 그 때문에 습관이 된 우리 가족이다. 플러그 좀 안 뽑으면 어떠냐고 생각했었고, 잔소리라고 생각했었는데 계속 환경에 대해 접하다 보니 나도 모르게 바뀌어 가고 있었다. 지금은 아이들에게 항상 외출 시 전기 플러그 뽑기를 시키고, 이제는 각자 스스로 한다. 우유도 플라스틱 용기보다는 종이팩 용기로 산다. 다들 그게 뭐야, 별것도 아닌데 하고 생각할 수도 있다.

요즘 심각하게 보게 된 뉴스 중 하나가 해수면 상승이다. 10여 년 전만 하더라도 해수면이 설마 상승하겠어 하며 안일하게 생각하는 사람들이 많았다면, 이제 해수면 상승은 기정사실이다. 기후 변화로 북극 지방의 만년설이 녹아내린 장면은 가히 충격적이었다. 북극 해빙이 녹으면 바닷물이 더 많은 열을 흡수해 기후 변화에 큰 영향을 미칠 것이다. 북극의 눈과 얼음이 햇빛을 반사하는 역할을 하는데 해빙이 녹으면서 열을 그대로 흡수하고, 그 열이 바닷물을 데우면서 다시 빙하가

녹는 악순환이 일어나게 된다. 해수면이 상승하게 된다. 해수면이 1미터만 상승해도 뉴욕, 런던, 베니스, 도쿄 등 주요 도시가 침수된다고 한다. 우리나라는 안전할까? 우리나라도 여의도의 300배에 달하는 면적이 물에 잠긴다고 한다.

지구온난화로 이미 여러 섬나라들이 물에 잠겼다. 시간이 갈수록 침수 위기에 처하는 나라들도 많다. 우리가 알고 있는 몰디브부터 투발루, 나우루, 키리바시 등이 대표적이다.

최근 국회 농림축산식품해양수산위원회의 자료에 따르면 지구온난화로 지난 30년간 국내 연안의 해수면이 9.36센티 상승했다고 한다. 이런 추세라면 2100년도 해수면이 1.1미터 상승할 거라 예측한다. 그러면 여의도의 300배에 달하는 면적이 침수된다.

그러나 네덜란드 같은 해수면이 낮은 국가들에는 부유도시가 있다고 한다. 부유도시란 말 그대로 물에 뜨는 도시이다. 우리나라에서도 부산을 비롯해 해수면 상승으로 물에 잠기는 몇몇 지역에서는 이를 대비해 해상도시를 계획 중이다. 그러나 근본적인 해결책이 아님을 우리는 알아야 한다.

2100년은 얼마 남지 않았다. 계속 변화 없이 산다면 과연 우리 아이들이 어떻게 살아갈 수 있을까?

마무리

소통한다는 것은 어렵다. 하지만 중요하다. MZ세대라는 단어가 있다. 1980년~1994년생까지를 밀레니얼세대, 1995년 이후부터 Z세대라고 부른다. MZ세대는 2019년을 기준으로 전체 인구의 33.7%를 차지한다. 이들이 생산과 소비능력이 가장 좋은 주력세대로 떠오르고 있다. 난 1980년생으로 간신히 MZ세대에 속한다. 베이비부머세대인 부모님과 소통하기 위해 노력한다. 책도 보고, 주위 사례도 보고, 직접 느끼고 있다. 같이 행복하게 살기 위해, 서로 어떻게 해야 할지 고민이 많다. 조금이라도 건강하실 때 같이 여행까지는 아니더라도 나들이 다니고, 3대가 같이 즐길 수 있는 보드게임을 한다. 같이한다는 게 좋은 것 같다. 식사 후 같이 산책하기처럼, 사실 별거 아니다!

뉴스 보기가 무섭다. 상상도 못 한 일들이 일어나고 있다. 중학교 1

학년 학생들이 초등학교 6학년 학생을 노래방으로 불러 인사 안 했다고 코피 나게 때린 일, 중학생들이 또래 남학생 한 명을 학원가에서 목 졸라 기절시키기 등 말도 안 되는 일들이 일어났다. 중학교 2학년과 초등학교 2학년 아이가 있기에 이런 뉴스를 접할 때마다 진정이 되지 않는다. 그래서 자주 아이들에게 물어본다. 요즘 가장 큰 고민이 무엇인지, 무엇을 하고 싶은지, 친구들 사이에서 이슈는 무엇인지.

두 번째로는 아이들에게 무엇을 어떻게 가르치는 게 맞는지, 어떻게 소통해야 하는지 고민하고 있다. 일단 열린 마음으로 엄마에게 다가올 수 있도록 만들고 이를 유지해야겠다는 생각을 한다. 열린 마음으로 아이들의 말을 경청하자는 것이다.

마지막으로 제일 중요하지만 놓치고 있는 게 바로 자연과의 소통이다. 지구와의 소통이라고 해야 할까. 우리가 살고 있는 지구가 위험신호를 보내고 있는데도 우리는 무시하고 살아가고 있다. 바로 어른들이 말이다. 일어나지 말아야 할 일들이 일어나고 있다. 태평양 쓰레기 섬을 보았는가? 북극곰이 살 북극이 녹아내리고 있다. 남의 일인가? 나랑 상관없다고 생각하는가?

요즘 세계와 기업은 ESG경영을 중점에 두고 있다. Environment, Social, Govermance 각각의 머리글자를 딴 단어로 기업활동에 친환경, 사회적책임경영, 지배구조 개선의 투명 경영을 고려해야 지속 가능한 발전을 할 수 있다는 철학을 담고 있다. 이제 모든 분야에서 환경을 배제하고 진행할 수 없다. 가정도 환경을 생각하는 경영을 해야만 한다.

나는 부모님 세대, 자녀 세대 그리고 가장 중요한 자연과의 행복경영을 위해 노력한다.

나 하나로 무엇이 바뀔 수 있을까 싶겠지만, 지구에게 덜 미안하기 위해 다음 세대를 위해 조금만 노력하자. 어른들이 바뀌어야 아이들이 바뀔 것이다. 우리 아이들이 행복하게 살 수 있는 지구를 물려주자. 우리에게 주어진 환경에 감사하고 더 이상 훼손하지 않고 사용해야 할 것이다. 당신도 지금 고민만 하고 있는가? 오늘이 우리가 살아 있는 날 중에서 가장 젊은 날이다. 무엇을 못 하겠는가? 무엇이든 당장 시작하자.

PART 7

"안산도시공사 고용 안정, 조합원 모두가 열망하던 소망이었죠."

안종철

Mobile 010-5475-6710
Email anjk0822@naver.com

학력 및 경력사항 /

- 고려대 명강사 최고위과정 15기 소통위원장
- 국제사이버대학교 경영학과(在)
- 안산시 안산도시공사 노동조합 2대 위원장
- 안산시 더불어민주당 단원(을) 전국대의원
- 안산시 초지동 체육회 이사(전)
- 안산시 초지동 통장협의회 감사(전)
- 안산시 고잔동 바르게살기 위원장(전)
- 안산시 고잔동 주민자치위원회 기획 분과장(전)
- 안산시 불법광고물 감시단 단장(전)
- 안산시 청소년수련관 청소년 선도위원(전)
- 안산시 자원봉사센터 햇빛나눔봉사단 단장

자격 사항 /

- 명강의 명강사 1급(한국상담협회)
- 평생교육강사자격 1급, 노인교육강사 1급(한국교육강사연합회)

수상 경력 /

- 제종길 시장 표창
- 김철민 시장 표창
- 제종길 국회의원 표창
- 이명흠 장흥군수 표창
- 안산시 자원봉사센터(단체부분)자원봉사왕 표창

저서 /

- 명강사 25시(공저)

LESSON 1

부끄럽지 않은 길을 걸어오다

| 근황과 인사 |

하모니콜 직원으로 출발해 노조위원장 역임은 노동조합 조합원 여러 분들 덕분으로 생각한다.

전남 장흥에서 올라와 안산에서 나름 성공을 거뒀다고 자부한다. 조합원을 대신해서 사용자 측과 대화를 했다. 그래서 고용 안정을 가져오는 데 일조를 했다. 업무직을 일반직 8급으로, 특정 업무직을 일반직 9급으로 계약직을 공무직으로 전환하는 데 큰 역할을 했다. 지금도 조합 활동을 하던 동료들을 가끔씩 만난다. 추억을 먹고 사는 게 인생이라 할까.

공사를 떠난 후 생각

지나온 족적이 부끄럽지는 않다. 업무 추진비를 떼어 어려운 직원들의 자녀 장학금으로 내놨다. 그게 보람이었다. 지난 추억을 떠올릴 때마다 할 말이 많지만 이제 미래를 위해 뚜벅뚜벅 걷고 싶다.

갈 길이 멀지만 차분히 걷겠다고 다짐했다. 나는 원래 의류 사업 전문가다. 지금도 그 사업은 진행형이다. 보람도 있었다. 유아복과 단체복을 전문으로 다뤘다. 옷을 보는 시각도 뛰어났다. 현재도 초지동 시민시장 내 의류 매장을 운영 중이다. 즐겁게 살려고 한다. 세월은 흘러간다. 모든 게 그렇다. 과거를 무시할 수는 없지만 뒤만 바라보고 있을 수는 없는 노릇이다. 건강하다는 것만으로도 행복해진다.

안산도시공사는 나의 공식적인 첫 직장이었다. 열정이 넘쳐 났었다. 공기업에 다녔고 수백 명의 노조원을 대표하는 위원장을 해 봤다. 큰 보람이었다고 생각한다. 지금부터 시작이라는 다짐도 한다. 인생에 있어서 이제 중간 정도 달려왔다고 생각한다. 힘찬 제2의 인생을 위해 내 일을 설계하고 싶다.

의류 업계에 종사했었나

지금 이 자리도 나의 족적이 남아 있는 공간이다. 점포에 걸려 있는 옷들을 보라. 주인을 기다리고 있는 표정이 너무나 아름답지 않나. 옷이란 사람을 보호하고 아름답게 연출시켜준다. 시민시장도 옛 추억의 장터가 되어 버렸다. 보다시피 조용한 장터 모습이 아닌가. 한때 몰려들던 사람들은 지금쯤 어디론가 떠났다. 장날만 되면 북새통을 이뤘지만 지금은 옛이야기가 되었다.

| 안산도시공사와의 인연이 궁금하다 |

(한동안 생각에 잠기면서) 처음에 교통지원부 소속 하모니콜 직원으로 입사했다. 혈기가 왕성했다고나 할까. 노조원들을 만나면서 그들과 호흡을 같이하고, 보다 나은 직장을 만들기 위해 늘 동료들과 함께 고민하고 노력을 경주했다.

LESSON 2

상생을 위해 불철주야 뛰었던 기억들

| 노조위원장 출마 슬로건은 무엇이었나 |

조합은 투명하게, 조합원과는 소통을, 사 측과는 협치와 상생이라는 슬로건을 내걸었다. 조합원들의 마음을 끌기에 적합했다. 소통이라는 말을 원래 좋아한다. 당시 정진택 안산도시공사 사장님이 회사를 이끌었는데 나름대로 노사의 대화는 원만했다. 노조원이 450여 명이었다. 이들의 답답함을 풀어줘야겠다는 각오는 대단했다. 지금 생각하면 열정이 강했다고 본다. 옛 노조원들의 얼굴이 떠오른다.

| 성과는 무엇이 있었나 |

당시 안산도시공사 고용 형태는 불안 그 자체였다. 일반직, 업무직과 특정 업무직 그리고 계약직으로 나뉘어 있었다. 일종의 계약직이 많았

보충단체협약 협약서 체결

다. 이를 해소할 방안을 마련하여야겠다는 생각을 했다. 그래서 이뤄낸 것이 계약직을 공무직으로 전환하는 것이었다. 대략 250여 명이 대상이었다. 또한 업무직을 일반직 8급으로, 특정 업무직을 9급으로 전환하는 등 획기적인 일반직 전환으로 안정화를 취했다. 노사가 협의해 이뤄낸 성과물이었다. 고용 안정과 더불어 급여가 인상되고 복지가 향상되는 계기를 마련했다. 비로소 노조원들의 얼굴에도 웃음이 많아졌다. 직장에서나 집에서나 환영할 만한 일이었다.

| 노조위원장으로서 기억에 남는 일은 |

모두가 하나가 돼야 한다는 믿음이 강했다. 노조원들을 보면서 동행이라는 원칙도 세웠다. 실제로 노조위원장 업무 추진비를 생활이 어려운 노조원 자녀의 장학금으로 내놓았다. 매월 3년간 50만 원씩 기부를 했

다. 20여 명의 자녀들이 혜택을 받았다. 모든 직원들이 좋아했다. 하나가 되는 분위기로 무르익어갔다. 열악한 환경에서 근무하는 직원들의 사기 진작도 펼쳤다. 보다 더 나은 직장 분위기 조성을 위해 나름 노력했다.

| 복지 정책도 있었나 |

노동조합 대의원과 조합 간부진을 각 부서별로 안배했다. 노사정협의회를 구성하여 사 측과 분기별 간담회 정례화도 기억에 남는다. 조합비 사용 내역을 분기별로 투명하게 공개했다. 객관적인 근무 평가 확립 및 철저한 순환보직을 추진한 바 있다. 여직원 보건 휴가 사용의 의무화도 시행했고, 동아리 활동비 지원 확대와 연가 보상비도 실시했다. 물 관리사 업무 지원 수당 및 차량 감가비용을 지원하는 등 실질적인 혜택이 주어지도록 노력했다.

|지역사회 활동도 왕성한 편이었나|

쑥스러운 얘기지만 지역 활동을 왕성하게 펼친 편에 속한다. 안산시 불법광고물 민간감시단 단장을 역임했고 안산시 연립 재건축 추진위원회 이사도 지냈다. 안산시 고잔동 바르게살기 위원장으로 활동도 했으며 고잔동 주민자치위원회 기획 분과장으로도 인맥을 넓혔다. 초지동 통장협의회 감사, 초지동 체육회 이사, 안산시 배구연합회 이사를 경험했다.

특히 안산시 자원봉사센터 햇빛 나눔 봉사단 단장도 맡았었는데, 안산도시공사 직원들로 이루어진 순수한 봉사 단체였다. 지역사회 어려운 이웃의 아동들과 어려운 어르신들 지원뿐만 아니라 장애인, 독거노인 등 안산 전 지역 환경정화 활동들을 인정받았다. 안산시 자원봉사센터에서 주관하여 신문사에서 선정하는 단체 부분 봉사왕 수상을 했다. 이 수상은 큰 영광이며 개인으로서는 큰 보람이고 뜻깊은 일이었다고 생각한다.

노사합동 자원봉사 실시

| 마지막으로 한마디 해 달라 |

항상 배움에 목말라 있었다. 이제부터 시작이라고 생각해서 국제사이버대학교에서 경영학을 공부하고 있다. 또한 사회복지사를 부전공으로 시작한 지 지금이 3년째인데 열심히 하려고 한다. 앞으로 할 일이 많다. 뭐든지 기회가 닿는다면 마다하지 않을 생각이다. 노조위원장을 하면서 한국노총 공공연맹에 가입한 것은 큰 보람이다. 조합원들과 주기적인 현장 간담회와 노조위원장이 주관하는 제1회 노조위원장배 노·사 족구대회를 개최하여 운동으로 노·사 소통했다. 직원들 간 화합된 회사 분위기 조성과 퇴직 직전 직원들과 해외연수와 워크숍, 직원 복지를 위한 관내 종합병원들과 MOU를 맺은 부분도 기억에 많이 남는다.

좋은 일만 기억하고 싶다. 과거 없는 미래는 없지만 때로는 지우고 싶을 때도 있는 법이다. 나에게 주어진 현실에 만족하면서 또 다른 제2의 내 인생, 내일의 희망을 위해 열심히 살고 싶다.

직원 해외연수

PART 8

사회적 자본과 자기 신뢰

이인재

Mobile 010-2776-0872
Email ijlee1234@naver.com

학력 및 경력사항 /

- 고려대 명강사 최고위과정 15기 회장
- (사)KPO명강사협회 회원(우수 강사)
- 한국지방재정공제회 이사장(CEO)
- 지방자치인재개발원 원장
- 행정안전부 기획조정실장
- 지방자치인재개발원 특강 외 다수
- 서울대 학·석사, 미 서던캘리포니아대(USC) 행정학 박사

강의 분야 /

- CEO와 자기신뢰
- 자아성찰과 자기신뢰
- 리더십과 동기부여
- 인생2막 도전과 행복

자격 사항 /

- 명강의 명강사 1급, 인성 지도사 1급, 리더십 지도사 1급, 스피치 지도사 1급, 부모교육상담사 1급(한국상담협회)
- 기업강사자격 1급, 평생교육강사자격 1급, 노인교육강사 1급(한국교육강사연합회)

수상 경력 /

- (사)KPO명강사협회 명강사경진대회 최우수상(2021)
- 홍조근정훈장(2013)
- 국무총리표창(2003)

저서 및 기고 /

- 명강사 25시(공저)
- 나는 공무원이 되고 싶다(2014)
- 집합행동과 제도(박사학위논문)
- 서울신문 옴부즈맨 칼럼니스트(2014~2016)

LESSON 1

이기적 개인과 사회적 자본

성선설에서 주장하듯 인간이 백 퍼센트 선(善)한 존재라면 경쟁과 승자 독식으로 점철된 현실 세계를 설명하기 어렵다. 한편 사회과학 전반을 학제적으로 점유하고 있는 경제학에서는 이기적인 인간을 상정하고 있다. 죄수의 딜레마나 공유재의 비극이 설득력 있게 설명되는 이유다. 한편 "인간은 100% 합리적rational이다."라는 고전 경제학에서의 전제는 현실에서 개인 간 정보력과 인지능력의 차이를 설명하지 못한다. 반면 신제도주의 경제학에서 주장하는 "인간은 제한적으로만 합리적boundedly rational이다."라는 다른 전제는 시장이나 일상에서의 개인 간 정보 격차와 공유재의 비극과 같은 어리석은 선택 등 현실에서의 모습을 잘 설명한다. 즉 현실 세계에서 개인의 기회주의적 행태나 도덕적 해이는 이기적이고 또 서로가 서로를 잘 못 읽는 제한된 합리성을 가진 개인을 전제할 때 설명된다.

일본계 미국인 학자인 프란시스 후쿠야마는 1995년 『신뢰』라는 책에서 선진국과 후진국의 차이는 신뢰의 차이라면서 우리나라를 당시 낮은 신뢰 국가로 분류한 적이 있다. 그는 "지속 성장을 달성한 선진국가는 신뢰가 풍부한 국가다. 신뢰 부족은 규제를 낳고 비용과 시간 낭비를 초래한다."라고 주장한다. 후쿠야마는 세계 각국이 추구하는 민주주의와 자본주의라는 제도는 동일한데 각국의 현실은 다르다면서, IMF 직후인 1999년의 한국을 사회의 투명성 부족, 적대적 노사관계 등 낮은 신뢰 사회의 요소를 지니고 있다고 평했다. 후쿠야마는 신뢰 기반이 낮은 나라는 선진국 문턱에서 좌절한다고 주장한다. 한편, 2020년 말 한국의 코로나19 팬데믹 사태에 대한 대응 과정을 지켜본 후에는 우리 사회의 신뢰 수준을 높이 평가한 바 있다.

사회는 다차원적이다. 여기서 말하는 구성원들 간의 신뢰는 공동체 사회에서 개인 간 관계뿐만 아니라, 국가 사회 그리고 지구촌 사회에서의 신뢰를 포괄한다. 그러면 각 차원의 공동체에서 신뢰가 어떻게 중요한 역할을 하는지 살펴보자.

50여 년 전인 1968년, 미국 생태학자 개릿 하딘Garret Hardin은 시골의 한 축산농가 마을이 공동으로 소유하는 목초지에 이기적이고 계산적인 각 농민들이 서로를 못 믿고 경쟁적으로 욕심껏 자신의 소들을 풀 뜯기다 보면 종래에는 목초지가 황폐화되고 만다고 했다. 그래서 결국 모든 농가들이 방목을 못하게 되는 비극을 맞는다고 주장했다. 하딘은

이승헌 작가: 공유지의 비극

이러한 현상을 '공유지의 비극tragedy of the commons'이라고 했다.

하딘의 말대로라면, 마을공동체의 저수지와 녹지, 국가사회의 강과 산, 지구촌의 허파인 아마존의 숲과 오대양 같은 공유재들도 비극적 종말을 맞이할 수밖에 없다. 그런데 실제 사례들을 보면 그렇지 않다. 마을공동체에서 공동 관리하는 저수지라든가 아파트 단지의 녹지들도 잘 유지·관리되고 있는 사례들은 얼마든지 있다.

단, 그 사례들로부터 공통적으로 유추할 수 있는 점은 공동체 구성원 간에 신뢰 수준이 높은 곳일수록 공유재들이 비극을 맞지 않고 유지·관리가 잘 되더라는 것이다. 남들이 약속을 잘 지키고 규칙을 잘 지킬 것이라고 서로 믿는 공동체에서는 실제로 구성원들이 약속과 규칙을 잘 지킨다는 것이다.

남부 유럽에 위치한 이탈리아는 북쪽 지역은 안전하고 경제력이 높은 반면, 유명한 영화 〈대부The Godfather〉의 배경인 시칠리아가 포함된

남부 지역은 상대적으로 주민들 상호 간에 불신이 팽배하고 서로 경계하며 북부보다 낙후되어 있다고 한다. 이러한 차이는 남북 간 사회적 갈등으로까지 번졌고 북쪽 지역에서는 심지어 독립하자는 목소리까지 나오고 있다고 한다.

하버드 대학 로버트 퍼트남R. Putnam 교수는 이탈리아의 지방정부에 대해 연구하여 남부와 북부의 모든 지방정부는 법 제도와 재정 규모는 동일한데 왜 성과에는 뚜렷한 차이가 나는지 그 원인을 찾았다. 바로 남부와 북부 사이에 신뢰를 요체로 한 규범, 시민의식, 공동체 정신의 차이가 있고 이것들이 결정적인 역할을 한다는 것을 발견하였다. 1993년에 『민주주의가 작동하려면』이라는 책에서 이것들을 "사회적 자본social capital"이라고 칭하면서 이때부터 사회적 자본은 세상 사람들의 주목을 받게 되었다. 사회적 자본은 서로가 신뢰하는 사회에서만 볼 수 있는 자산, 즉 개인이 아닌 그 사회의 자산이라는 뜻이다. 퍼트남에 의하면 사회적 자본은 크게 보아 신뢰, 규범, 네트워크로 구성된다. 그러면서 퍼트남은 상호신뢰, 공동체 정신, 상호부조 그리고 시민의식 같은 규범의 중요성을 강조하였다.

우리나라는 어떠한가. 중앙집권적 역사가 깊은 관계로 전국에 획일적이고 하향적인 원칙과 제도가 적용되다 보니, 지방자치제 실시 이전에는 지역이 안고 있는 다양한 문제와 주민들이 원하는 복잡한 욕구의 해결엔 한계가 있었다. 우리나라의 초기 시민운동도 서구의 시민사회를 거치지 않은 관계로 민주적이고 공동체 의식이 강한 시민단체 구축 대신 권위주의 정부에 맞서는 이데올로기적 요소가 강한 재야 또는 관변단체 중심으로 시작되었다. 아울러, 급격한 도시화로 인한 지역의 공동체 붕괴와 핵가족화 등에 따라 사회적 자본 형성이 약했다.

우리나라 지역 공동체의 역사는 원래 탄탄했었던 적이 있다. 공동체 문화는 계(금송계, 어촌계, 산림계), 두레, 향약 등에서 출발하여 현대에 이르러 새마을 운동, 사회적 협동조합, 우먼캅스 등 다양한 형태로 계승 발전되어 오고 있다.

정부도 사회적 자본의 중요성을 인식하고 있다. 이미 15년 전 기획예산처에서 사회적 자본의 정책적 함의에 대한 연구가 있었다. 최근에는 지난 5월 4일 사회관계장관회의에서 사회통합 지표의 절반을 사회적 자본의 구성요소들로 포함하여 발표했다. 정부가 제시한 사회적 자본의 구성요소는 신뢰를 요체로 하여 사회단체 참여, 봉사와 기부, 공정성 등이다. 지역갈등, 세대갈등 등 사회적 양극화를 극복하고 사회통합을 진작시켜 품격 있는 진정한 선진국으로 도약하기 위해서 꼭 필요한 것들이다.

다윈의 적자생존이나 경제학에서 말하는 죄수의 딜레마 현상만 보면 갈등 상황에서 인간의 이타성, 협력 등의 행태는 암울하게 예측된다. 최근 영화와 시리즈물, 즉 〈오징어 게임〉, 〈지옥〉, 〈킹덤〉, 〈부산행〉을 보아도 인간의 신념 충돌 현상을 어렵지 않게 찾아볼 수 있다. 하지만 인간에게는 천부적으로 협력하는 인자가 있다고 한다. 마틴 노왁과 로저 하이필드의 저서 『초협력자Super Cooperators』에 의하면, 인간은 이기와 이타, 배신과 협력 사이의 갈등 상황에서 협력의 힘을 잘 활용할 줄 아는 유일한 존재라고 한다. 노력하기만 하면 우리 인간은 협력함으로써 작금의 해양자원 고갈과 지구 온난화 등 공유재의 비극을 해결하고 인류에게 닥쳐올 재앙을 피해 갈 수 있다는 것이다.

코로나19가 전 세계를 뒤덮기 시작하던 2020년 4월, 코로나에 잘 대응한 국가들은 공통적으로 코로나 관련 정보를 국민들에게 투명하게 공개하고 언론이 자유로운 개방된 국가들이었다고 한다. 우리나라도 포함되었다. 캐나다의 칼튼과 맥길 대학이 공동으로 84개국을 연구한 결과에 따르면, 한마디로 사회적 자본이 높은 나라일수록 코로나 사망자가 적었다.

LESSON 2

공동체와 사회적 자본

영국 최고의 지성이라고 불리는 노리나 허츠Noreena Hertz는 2021년에 내놓은 저서 『고립의 시대The Lonely Century』에서 기술적·경제적 요인, 도시의 구조적 문제, 급속히 발전하는 과학기술이 현대인들을 고립을 향해 달려가게 만들고 있다고 한다. 스마트폰, 가혹한 형태의 자본주의와 신자유주의, 인구 밀집도가 높은 무연고의 도시, 그리고 인공지능 기술의 발전이 가져온 노동으로부터의 소외가 현대인의 외로움을 실존적 상태까지 몰고 간다고 경계한다. 그러면서 저자는 마을 공동체를 회복하는 일에 지금 바로 나서야 한다고 주장한다. 모든 인간은 한 개인으로 존재하지만 함께 살아갈 수밖에 없는 존재이다. 공동체는 돈으로 살 수도 없으며 노력 없이는 회복하기도 또 활성화하기도 어렵다. 다행히 주변 곳곳에서 그 노력의 흔적을 어렵지 않게 살펴볼 수 있다.

| 아이 돌봄의 공간공동체 |

광주광역시 남구 효덕동에서는 온 동네가 하나의 커다란 연대의 그물망을 만든 사례가 있다. 효덕동 인근에 대단위 아파트 단지가 조성되면서 인프라가 부족했다. 임대아파트와 분양아파트를 분할 건축하면서 소득의 차이에서 유발된 인위적인 분단 마을이 되어버리고 만다. 분위기는 뒤숭숭했다. 그런데 임대와 분양이 가져온 차이와는 상관없이 같은 초등학교에 다니는 아이들이 허물없이 함께 놀고 같이 잘 지내는 모습을 본 학부모들은, 동네 분위기를 바꿔 볼 수 있겠다는 자신을 가지게 된다. 이윽고 학부모들은 낡아 방치된 창고를 작은 도서관으로 개조하여 아이 돌봄의 공간으로 만들어냈다. 이 성공사례에 힘입어 현재는 텃밭 가꾸기, 직거래 장터, 작은 음악회, 마을 신문 등 8개나 되는 공동체와 12개 도서관과 4개의 소통방이 생겼다. 그것들이 지금은 마을에 어떤 문제가 생기면 모두 합심해서 해결해내는 공동체 연대의 촘촘한 그물망 역할을 하게 되었다.

| 여성 의용소방대원 119 아이행복 돌봄터 |

경북 경산소방서에서는 '119 아이행복 돌봄터' 사업을 했다. 보육자가 질병에 걸리거나 어린이집이 휴원하는 등 아동 보육에 공백 상황이 발생했을 때, 여성들로 구성된 의용소방대원들이 돌봄 공백 방지를 목적으로 시작한 사업이다. 여성 의용소방대원인 엄마들이 돌봄 지킴이로 나섰기 때문에 아이들이 가까이 다가갈 수 있었고 보다 안심할 수 있었다. 이를 계기로 가까운 지역주민들이 함께하게 되면서 마을에는 공동체 의식이 빠르게 함양되었다.

| 따뜻한 기부 원플러스원 식대 지원 |

서울 성동구에 '원플러스원' 사업이 있다. 시민들이 설렁탕집 같은 식당을 이용할 때 자신의 비용 외에 한 사람분의 가격을 기부 형태로 결제하면(즉, 1+1), 식당에서는 그 기부 쿠폰을 식당 앞 자석 판에 붙여 놓고 그 쿠폰을 본 긴급지원 대상자, 부적응 자녀를 둔 어르신, 학교급식에서 빠진 어린이, 독거노인 등이 식당을 이용한 후 그 쿠폰으로 값을 치르는 사업이다. 이 행사에 참여한 가게 주인의 소감은 이러했다. "지역사회의 일원으로서 제 가게를 믿고 기부하는 분들을 보며 따뜻한 지역사회의 정도 느끼고 보람도 느끼며 행복감을 느꼈습니다." 작은 기부를 통해 따뜻한 포용을 일구어낸 사례이다.

| 다문화 결혼 이민자의 꽃다발 전달 사업 |

지속적으로 증가하고 있는 다문화 결혼 이민 여성들과 함께하는 공동체 활성화 사례도 있다. 경남 거제시에서 다문화가족 지원센터를 통해 결혼 이주 여성들이 플로리스트 자격증을 취득한다. 자격증을 받은 후 비누로 만든 꽃바구니를 제작하여 시청에 혼인신고 차 방문한 모든 신혼부부들에게 축하 꽃다발로 전달하는 사업이다. 이 사업은 기존의 일회성 수혜적 지원을 넘어섰다. 결혼 이민자가 주도적 역할을 하게 함으로써 공동체의 일원으로 당당하게 자립할 수 있었고 지역 통합과 공동체 활성화의 마중물 역할을 한 사례이다.

| 마주 보는 타운하우스와 그린피스 |

외국에도 유사한 사례는 얼마든지 있다. 미국 캘리포니아 중부에 와이너리와 아름다운 해변으로 유명한 산 루이스 오비스포San Luis Obispo라는 도시가 있다. 시 정부에서 타운하우스형 건물을 지을 때 일부러 건물들이 서로 마주 보게 짓도록 하였다. 빨래를 너는 등의 소소한 베란다 일상에서 이웃 간에 친숙함과 소통을 배가시켜 함께하는 공동체 의식을 함양할 수 있게 한 사례이다.

국제 환경보호 단체인 그린피스Greenpeace는 핵실험 반대, 고래 보호, 방사선폐기물 해양투기 저지 운동, 해양 보호 등으로 유명하다. 1971년에 캐나다 밴쿠버 항구에서 사회사업가, 대학생, 언론인 등 12명의 소수 환경보호 운동가들이 모여 결성한 단체이다. 초기에는 핵실험 반대 운동 중심이었지만 지금은 유전자조작, 포경 반대 등 다양한 운동을 하고 있다. 현재 160개국 300만 회원들의 기부금으로 활동하는 세계적인 환경보호 단체로 확장되었다. 이것은 한 마을의 작은 운동이 국제적 신뢰를 얻으면서 지구촌 전체의 환경보호 운동으로 확장된 사례이다.

LESSON 3

혼돈(chaos)의 시대

사회적 자본은 서로가 서로를 믿는 것으로부터 출발한다. 그런데 남을 믿는다는 것이 쉬운 일인가. 우리는 가짜뉴스, 진영논리, 나쁜 관종 그리고 과도한 관심경제 등 정신 바짝 차리지 않으면 나 자신이 실종되기 쉬운 혼돈chaos의 시대에 살고 있다.

요즘을 일컬어 1인 미디어 시대라고 한다. 유튜브, 인스타, 페이스북, 틱톡, 카카오스토리 등 셀 수 없이 많다. MZ세대들은 스마트폰을 24시간 놓지 않고 있다. 그래서 요즘 사람들을 오장육부 외에 스마트폰이라는 장기 하나가 더 있어서 오장칠부를 가진 인류라고 한다. 그리고 스마트폰의 폰을 따서, 포노 사피엔스라고 부르기도 한다.

유튜브와 같은 1인 미디어 시대는 '구독'과 '좋아요' 같은 관심이 돈이 되는 관심경제를 낳았다. 문제는 돈이 되는 그 선택을 받기 위해 극한 경쟁을 하다 보니 방송 주작 사건들이 종종 나타난다. 모 배우가 출연했던 TV조선 관찰 예능 〈아내의 맛〉에서 주요 내용들이 조작된 것이었고 나중에 그 배우는 사과문을 SNS에 실은 적도 있다.

여기서 질문을 하나 던져본다. "과연 나는 여기에서 자유로울 수 있는가?" 거짓말을 한 그 연예인의 개인적인 일탈일까? 아니면 우리가 살고 있는 이 시대의 보편적 환경이 가져온 현상일까? 나는 이 현상을 개인의 문제라기보다는 우리를 둘러싼 사회적 문제라고 본다.

20세기 최고의 발명품은 인터넷이고, 21세기 초반의 최고 발명품은 소셜미디어이다. 트위터·페이스북·인스타그램 같은 소셜미디어는 우리 일상을 정복했다. '좋아요', '구독' 등이 돈이 되는 시대에 나를 과시하기 위해 터무니없는 논리로 사람들을 도발하여 각 개인의 생각을 헷갈리게 하고 있다. 이렇듯 우리 주변에 가짜뉴스, 나쁜 관종들, 그리고 심지어 사람들을 어두운 쪽으로 자극하는 도발자들provocateur이 들끓고 있다.

우리 사회는 진영陣營논리에 둘러싸여 있다. 인간은 원래 자신이 선호하는 것들만 받아들이는 경향이 있다. 자신이 속한 조직 이념은 무조건 옳고, 다른 조직의 이념은 무조건 배척하는 논리이다. 사람들은 자신의 진영논리를 합리화하기 위해 자신의 가치관, 신념, 판단에 부합하는 정보에만 주목하고 그 외의 정보는 무시해버리는 사고방식을 보이면서 자기 잘못을 쉽게 인정하지 않으려 한다.

진영논리의 특징은 팩트에 별 관심이 없으며 메시지보다는 자신의 진영에 있는 메신저를 중시하고 편부터 가른다. 심해지면 그들은 무리를 지어 다른 의견을 가진 사람들을 배격하고 공격한다. 심지어 자신의 생각마저도 외부에서 만들어 주는 대로 따른다. 자신의 판단이 아닌 진영 내 다른 사람들의 판단을 좇는 사유思惟의 외주화外注化 현상을 보이고 있다.

4차 산업혁명으로 불리는 21세기 기술의 발전은 이로운 면과 어두운 면을 같이 봐야 한다. 기술적 편리성이 도덕적 판단까지 대체시킬 수는 없다. 아마존·구글 등 플랫폼 기업들은 기술적 편의성을 제공하는 반면 새로운 형태의 독과점 폐해를 보이고 있다. 지금 우리가 코로나 팬데믹의 울타리에 갇혀 있듯이, 영혼 없는 빅데이터, 인공지능, 사물인터넷은 우리를 디지털 울타리digital cage에 갇히게 할 수 있음도 경계해야 한다.

LESSON 4

천 리 길도 한 걸음부터

혼돈의 시대에 사회적 자본을 축적하기 위한 우리 개인의 역할은 정부나 시민단체의 노력이 지향하는 것과 본질이 같다. 다만, 개인의 역할 중 가장 중요한 것은 실천하는 것이다. 바람직한 시민단체에 적극적으로 참여하고 이웃에 봉사하고 기부하며 또 후세들에게 공동체 가치를 몸소 교육하는 것이다. 우리가 사는 공동체는 마을 공동체로부터 사회 공동체, 국가 공동체, 그리고 지구촌 공동체로 이어진다. 인간의 이기적인 행동으로 인해 공동체에서 안고 있는 공유재의 비극을 막고 행복한 삶을 영위하기 위해서는 신뢰에 기반을 둔 사회적 자본 쌓기를 나부터 몸소 실천하는 자세가 중요하다.

사회적 자본은 행동양식, 규범, 관습 등 문화적 기제를 통해 창조되고 축적된다. 하지만 문화를 개선하는 것은 참으로 멀리 있고 오래 걸린다. 개인의 입장에서 보면 엄두가 나지 않고 불가능해 보이기도 한다. 그러나 다행스러운 것은 "천 리 길도 한 걸음부터"라고 하지 않는가. 거창하게 규범이니 제도니 하는 것들은 운운하지 말자. 대신 작지만 나부터 행동할 수 있는 세 가지만 실천해보자.

첫째, 이웃에게 인사를 잘하자. 이웃끼리 인사를 잘하면 서로 호감이 생기고 신뢰도는 높아지며, 공동체 행사에 참여하는 발걸음이 가볍고 즐거워진다. 인사 덕분에 갈등은 완화되어 이웃 공동체 형성에 도움이 된다. 둘째, 서로 약속을 잘 지키자. 약속을 잘 지키면 서로 얼굴 붉히는 법적 소송 같은 사회적 비용이 줄어드는 반면, 봉사와 기부에 대한 믿음이 커지게 되어 결국 사회 발전의 초석이 된다. 셋째, 분리수거를 잘하자. 거창하게 기후 변화를 거론하는 대신 사소하지만 분리수거만 잘해도 비닐과 플라스틱 문제가 줄고 재활용 자원이 늘어난다. 아마존의 벌목 양도 줄고 해양투기가 감소하여 좋은 지구를 후세에 물려줄 수 있는 단초가 될 것이다. 우리의 시작은 비록 미약하지만 끝은 창대할 수 있다.

사회적 자본이 멀리 있다고 생각하지 말자. 이웃에게 인사를 잘하고, 약속을 잘 지키며, 분리수거를 잘하는 것은 우리가 쉽게 할 수 있는 일이다. 저 멀리 있어 보이는 사회적 자본의 천 리 길도 우리의 작은 실천, 그 한 걸음부터 시작된다.

LESSON 5

자기 신뢰

함께하는 이웃들과의 공동 자산인 사회적 자본은, 서로를 믿는 신뢰에서 싹이 튼다. 그런데 가짜뉴스, 진영논리, 관심을 받고 싶어 하는 욕구가 지나친 나쁜 관종 그리고 도발자들이 들끓는 사회적 팬데믹 상태에서 어떻게 상대를 믿을 수 있을까? 만약 내가 나 자신을 믿지 못한다면 상대를 믿을 수 있을까? 혼돈의 시대, 주변 환경으로부터 내 생각과 사고의 면역력을 키우고, 차가운 이성으로 사회를 리뷰할 수 있으려면 나를 믿고信 의지하는賴 것, 즉 자기 신뢰가 그 출발점이다.

자기 신뢰는 자신을 존중하는 것으로부터 출발한다. 먼저 자신을 존중해야 자신을 믿고 의지할 수 있기 때문이다. 자기 신뢰는 자신을 믿을 뿐만 아니라 자신에게 의지하는 수준까지 도달한다는 점에서 자존감보다 한 차원 높다. 자기의 소신을 지키는 것은 외롭고 힘들다. 때문

에 자신과 생각을 같이하는 사람들을 믿고 의지하듯이, 자신을 믿고 의지해서 용기를 얻어야 한다.

19세기 미국을 대표하는 철학자였던 랄프 에머슨Ralph W. Emerson, 1803~1882은 자신의 저서『자기 신뢰』에서 자기 신뢰의 힘을 이렇게 말한다. "우리가 어떤 것을 성취하는 데 가장 기본적이고도 궁극적으로 중요하게 작용하는 것은 바로 자신에 대한 믿음이며, 그 것은 진정한 변화의 원동력이다."라고. 자기를 신뢰하고 존중할 수 있어야 다른 사람도 사랑하고 존중할 수 있다. 같은 능력을 갖고 있더라도 자기 자신을 믿는 사람과 그렇지 못한 사람은 결과에서 큰 차이가 난다. 불가능한 것을 가능하게 만들 수 있는 마지막 보루는 바로 자기 신뢰이다.

하지만 자신을 신뢰한다는 것은 생각보다 쉽지 않다. 그렇다면 어떻게 자기를 신뢰할 수 있을까? 내 삶과 경험을 반추하고 반성과 성찰로부터 얻게 된 사실은 자기 신뢰가 자기 존중감을 높이는 것에서 출발한다는 것이다. 자기 존중감을 키워 자기를 신뢰하는 방법으로 다음 세 가지를 제안한다.

첫째, 남과 비교하지 말고 또 완벽하려고도 하지 말아야 한다. 나를 부러워하는 사람이 아홉 명이 있는데도, 나보다 잘나가는 한 사람만을 바라보면 내가 초라해지고 자신에 대한 믿음도 약해진다. 나를 포함하여 사람들은 완벽하지 못하다. 남들과 비교하는 순간 나보다 잘난 사람은 반드시 있다. 우리는 완벽할 수도 완벽해질 필요도 없다.

둘째, 자신을 칭찬하는 것이다. 지난 시절 일구어낸 아주 작은 성취라도 좋다. 자신에게는 비록 작은 성취지만 그것을 이루기 위해 현재도 불철주야 노력하고 있는 사람들이 수없이 많다는 것을 기억하자. 나는 어느 한 점이라도 칭찬받을 만하다는 것을 잊지 말자. 스스로에게 칭찬받을 때 자존감이 되살아난다.

셋째, 일부러라도 항상 웃는 것이다. 미국 버클리대학의 하커와 캘트너는 캘리포니아 오클랜드에 있는 밀스Mills 여대 졸업사진에서 자연스럽고 환한 미소를 띤 여성들을 30년간 추적 연구하였다. 졸업한 지 30년 후 그 사람들은 예쁘거나 안 예쁜 외모와는 상관없이 일상에서 스트레스가 적고, 대인관계가 더 활발하며, 더 건강하고 성취감과 평균 소득이 훨씬 높은 것으로 나타났다. 일부러라도 웃자. 언젠가 자연스럽고 환한 미소가 나를 존중하고 신뢰하게 하는 밑거름이 될 것이다.

LESSON 6

맺음말

행복과 성공에 대한 우리의 생각은 꼭 씨앗과 같다. 그 생각에 따라 싹이 나고 꽃이 피고 열매를 맺는다. 우리 삶을 둘러싼 혼돈과 팬데믹 상태에서 흔들리지 않고 중심을 지킬 수 있는 마지막 보루는 바로 자기 자신을 굳게 믿고 의지하는 것, 즉 자기 신뢰이다.

자기 신뢰가 있어야 이웃을 신뢰할 수 있고, 그 신뢰를 바탕으로 나부터 실천할 수 있는 힘이 솟는다. 나부터 실천하면 이웃도 실천한다. 이웃과 함께 실천하면 우리 공동체에 사회적 자본이 축적된다. 그 사회적 자본은 곧 내 삶의 행복이 되고, 국가와 사회의 발전, 그리고 인류의 번영을 가져온다.

따라서 흔들리지 않는 자기 신뢰를 바탕으로 작은 것부터 하나하나 실천해 나가는 것이 지금 나와 우리가 해야 할 일이다.

PART 9

인생을 밝혀주는 좋은 글, 힘이 되어 주는 따뜻한 글

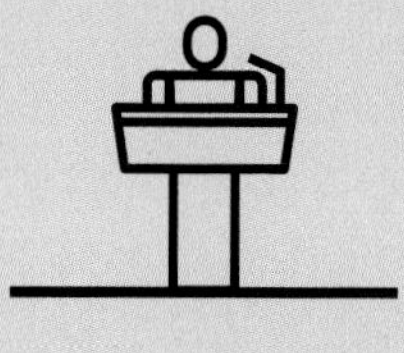

이필호

Mobile 010-4584-9623
Email vero2014@naver.com

학력 및 경력사항 /

- 고려대 명강사 최고위과정 15기 수석부회장
- Praos 주식회사 회장

자격 사항 /

- 명강의 명강사 1급
- 리더십 지도사 1급(한국상담협회)
- 평생교육강사자격 1급(한국교육강사연합회)

저서 /

- 명강사 25시(공저)

LESSON 1

프롤로그

인생을 살다 보면 매일같이 사람을 만나게 된다. 처음 만난 사람이 이유 없이 좋기도 하고, 때론 가까운 사람에게 온갖 시기와 질투로 상처를 받기도 한다. 내 사람이라고 믿었던 사람들이 점점 멀어지기도 하고, 반대로 잠시 스쳐 갈 것 같은 인연이 오래도록 내 곁에 머문다. 우린 이를 인간관계라고 한다. 특히, 조금이라도 손해를 보지 않으려는 개인적 이기심으로 갈등이 일어나기도 한다.

여기서, 갈葛은 칡을 의미하고 등藤은 등나무를 말한다. 칡과 등나무는 둘 다 줄기가 땅 위를 기면서 자라든지, 아니면 다른 나무나 물체에 의지해 자라는 덩굴식물이다. 그러나 같은 덩굴식물이라도 칡은 오른쪽으로 덩굴을 감으면서 나무를 타고 오르고, 등나무는 왼쪽으로 나무를 감으며 타고 올라간다. 여기서 칡과 등나무가 만나 서로 얽히면, 그

것을 풀어내기가 매우 힘들다는 의미에서 갈등葛藤이란 말이 나왔다. 우리 사회의 갈등葛藤은 서로 이해관계가 다른 것에서 비롯된다.

『논어』에서 "사람이 이익만을 따라 행동하게 되면 원망이 많아진다."라고 하였다. 공자의 말씀처럼 서로의 욕심이 부딪치는 곳에서 서로에 대한 원망이 생겨나고 갈등이 생긴다. 갈등을 만드는 건 상대의 행동이 아니라, 그 행동을 받아들이는 나의 해석이다.

물도 바위 절벽을 만나야 아름다운 폭포가 되듯, 석양도 구름을 만나야 붉은 노을이 곱게 빛나 보이는 법이다.

인생을 살아가다 보면 때로는 기쁘고 좋은 일이 있고, 때로는 슬프고 힘든 일이 있게 마련이다. 모진 바람이 불 때라야 강한 풀을 알 수 있듯이, 어렵고 위험한 처지를 겪어봐야 인간의 진가를 알 수 있는 법이다.

인생의 참된 즐거움도 역경과 고난을 만난 뒤에 비로소 뒤늦게 알게 되는 것이 우리들의 인생사인 것처럼 사람도 누구를 만나느냐에 따라 미래가 바뀌니 좋은 만남, 좋은 선택이 필수적이다.

우리의 짧고도 긴 인생길을 서로 갈등 속에서 힘겹게 살지 않고 서로를 이해하며 포근히 안아주는 따뜻한 삶이 되었으면 하는 마음에서, 우리의 인생을 밝혀주는 좋은 글과 힘들 때 용기를 주는 그런 따뜻한 글을 소개하고자 한다.

아플 때 우는 것은 삼류이고,

아플 때 참는 것은 이류이고,

아픔을 즐기는 것이 일류 인생이다.

- 영국 극작가, 셰익스피어-

LESSON 2

기적을 만드는 감사

세상에서 가장 아름다운 단어는 바로 "감사해", "고마워", "사랑해"이다. 그중 감사는 완전한 행복으로 가는 단 하나의 길이 아닐까 싶다.

우리 일상 중에는 감사할 일이 얼마든지 있다. 하지만 어떤 이는 불만거리를 찾아가며 불평을 하곤 한다. 이처럼 감사와 불만은 우리의 선택에 달려 있다. 어느 성당에서 일어난 이야기이다.

본당 출입문을 너무 오래 사용한지라 문짝이 떨어져 나갔다. 미사 시간이 다가왔기에 신부님은 급히 목수에게 연락하였고, 그 목수는 재빨리 나서서 열심히 일하여 완벽하게 고쳐놨다. 신부님은 너무 감사해서 가죽 지갑을 선물로 주며 말했다. "감사합니다. 우리 성당 창립기념 미사 때 만든 것입니다. 약소하지만 감사의 뜻으로 드리니 받아 주십시오." 그러자 목수는 화를 버럭 냈다. "아니, 사람을 뭘로 보고 이러시는 겁니까? 이까짓 지갑이나 받으려고 바쁜데도 달려와서 문짝을 고친 줄 압니까? 이래 봬도 저는 이 분야의 최고 전문가이자 알아주는 고급 인력입니다."

신부님은 당황하며, "그럼 어떻게 해드리면 좋을까요?" 목수는 "아무리 못해도 10만 원은 주셔야죠. 그래도 성당 일이라 싸게 해드린 겁니다." 신부님은 당황하며, "네, 그러세요. 그것참 감사한 일이네요." 그리고 신부님은 선물로 주려던 그 지갑 안에 들어 있던 30만 원 중 목수가 요구한 10만 원만 꺼내 건네주었다. 우리도 목수처럼 작은 욕심에 눈이 어두워 진실한 마음을 보지 못한 경우가 있지 않았을까? 나는 오늘 하루 얼마나 감동하고, 또한 얼마나 감사하였는가?

이른 아침 상쾌하게 눈을 떠서 감사하고, 맑은 공기를 마시며 숨을 쉴 수 있어 감사하고, 신선한 커피를 마실 수 있어 감사하고, 농부의 정성 어린 음식으로 아침을 채울 수 있어 감사하다. 이렇게 작은 일상생활 속에서 감사할 일이 너무 많다. 기적 같은 일을 만드는 습관의 시작이 모든 것에 대한 감사하는 마음이다.

|감사 명언|

빌 헬름 웰러는 "가장 행복한 사람은 가장 많이 소유한 사람이 아니라, 가장 많이 감사하는 사람."이라고 말했다. 결국 행복은 소유에 정비례하기보다는 감사에 정비례한다.

아리스토텔레스는 "행복은 감사하는 사람의 것"이라 했다.

인도의 시성詩聖 타고르도 "감사의 분량이 곧 행복의 분량"이라고 했다.

사람은 감사한 만큼 행복하게 살 수 있다. 행복해서 감사한 것이 아니라, 감사하기 때문에 행복해진다.

|참감사|

전쟁터에서 아들을 잃은 부부가 아픔을 딛고 교회에 출석해 하나님께 거액의 감사헌금을 드렸다. 부부의 헌금 봉투에는 이런 감사의 내용이 적혀 있었다.

"좋은 아들을 20년간 우리 곁에 두심에 감사합니다. 그리고 아들의 영혼을 받아 주심에 감사합니다." 아들을 잃고 하나님을 원망할 수도 있었지만, 부부는 하나님께 감사했다. 20년간 아들과 함께 쌓은 소중한 추억이 하나님의 선물이라고 생각했다. 최악의 조건에서도 감사하는 것이다. 참감사이다. 감사로 가득 차 있다. 숨 쉬는 것, 살아 있는 것, 생각하는 것, 모든 것에 감사하라. 가진 자의 감사는 믿음의 고백이다. 감사는 슬픔을 기쁨으로 바꾼다. 비참함을 영광스러운 것으로 바꾼다. 감사는 인생의 기적을 만든다. 감사는 모든 행복의 조건이다.

|감사를 대하는 마음|

세상에는 세 종류의 사람이 있다고 한다.

첫째, 기쁜 일이 있어도 감사할 줄 모르는 사람,

둘째, 기쁜 일 있을 때만 감사하는 사람,

셋째, 역경 중에서도 여전히 감사하는 사람이다.

어느 날 장미꽃이 천지 만물을 창조하신 신에게 원망했다. "하느님, 왜 가시를 주셔서 저를 이렇게 힘들게 합니까?" 그러자 그분께서 대답하셨다. "나는 너에게 가시를 준 적이 없다. 오히려 가시나무였던 너에게 장미꽃을 주었다." 똑같은 환경 가운데서도 가시를 보면서 불평하는 사람이 있고, 가시 같은 인생에 장미꽃을 주신 하나님께 감사하며 살아가는 사람이 있다. 감사의 마음과 감사의 눈을 가진 사람에게는 모든 것이 감사의 제목이다. 여러분은 어떤 종류의 사람인가요?

| 전분세락(轉糞世樂) |

"만일 다리 하나가 부러졌다면, 두 다리가 모두 부러지지 않은 것을 하늘에 감사하라. 만일 두 다리가 부러졌다면 목이 부러지지 않은 것에 감사하라. 만일 목이 부러졌다면, 더 이상 걱정할 일이 없어진 것이다."라는 유대인 속담이 있다.

어떤 고난이 닥치더라도 최악이 아님을 감사할 줄 알아야 하고, 살아 숨 쉴 수 있어 무엇인가 할 수 있다는 걸 감사해야 한다는 것이다.

사람들은 잃어버린 것과 남은 것 중에서 늘 잃어버린 것만 생각하며 아쉬워하고 안타까워한다. 하지만 내게 무엇인가 남아 있고 그걸 바탕으로 다시 시작할 수 있다면 얼마나 고마운 일일까?

인생을 성공적으로 살고 싶거든 일상을 감사함으로 채워라. "감사합니다."라는 이 단순한 말에는 분명 힘이 있다. 의외로 너무 단순하고 쉽기에 이를 지나칠 수 있지만, 감사의 기적을 느끼고 싶다면 당장 모든 일에 범사에 감사하라.

LESSON 3

삶의 존재 이유, 사랑

시절인연時節因緣이라는 말을 알고 계시나요? 시절인연은 불교의 업설과 인과응보에 의한 것으로 사물의 현상은 인과의 법칙에 따라 특정한 시간과 공간의 환경이 조성되어야 일어난다는 뜻이다.

그러고 보면 우리가 그동안 만난 인연은 모두 시절인연에 의해서 이루어진 게 아닐까 싶다. 모든 인연이 매듭이 축적되면서 결국 하나의 사람과 깊은 사랑을 하게 되는 것. 그것이 바로 시절인연의 본질이다.

아쉬움으로 헤어질 때면 "인연이라면 다시 만나겠지."라고 훗날을 기약하고, 또한 불가항력에 의한 경우에는 "인연이 아니었던 거겠지."라고 애써 마음을 위로하기도 한다. 이렇듯 굳이 애쓰지 않아도 만나게 될 인연은 만나게 되어 있는 것이고, 애를 써도 만나지 못할 인연은 만나지 못하는 것이다.

이렇듯이 드넓은 우주에서 각자의 방향과 속도로 움직이다 기적처럼 만나는 것. 이게 바로 사랑의 인연일 것이다.

우리는 매일같이 누군가를 사랑한다. 아니 태어나기 전부터 부모님의 사랑을 받으며 축복 속에서 태어났다. 부모의 맹목적인 사랑부터 형제와 친구 그리고 연인을 만나 한없이 사랑의 감정을 불태운다. 주변 이웃을 사랑하기도 하고, 인류를 초월한 종교를 사랑하기도 한다. 물론 자유로운 서구 문명의 영향으로 배우자 외 애인을 사랑해서 물의를 일으키기도 하고, 젊은 세대의 일회용 같은 인스턴트 사랑으로 애정관이 비판받기도 한다.

또한 어떤 이는 부동산을 너무 사랑해서 집을 수십여 채 사들이기도 하고, 어떤 이는 게임을 너무 사랑하여 스마트폰을 손에서 떼지 못하는 경우도 종종 발생한다.

이렇듯 현대인들은 끊임없이 무언가를 사랑하고 있다. 사랑이란 인간의 가장 자연스러운 행위이자 소중한 삶의 과정이다.

소유의 양으로 사람을 평가하고 사람의 액면가가 매겨지는 세상일지라도 불변의 가치가 있다면 바로 사랑일 것이다. 누군가에게 조건 없이 주는 것만으로 행복하다면 그보다 더 큰 사랑은 없다.

| 사랑 가득한 인생 |

건강은 몸을 단련해야 얻을 수 있고, 행복은 마음을 단련해야 얻을 수 있다.

꿀이 많을수록 벌이 많이 모이고, 사랑이 많은 곳엔 사람도 많이 모인다. 물질을 버리는 것은 적게 버리는 것이요, 마음을 버리는 것은 많이 버리는 것이고, 사랑을 버리는 것은 모두 버리는 것이다. 입구가 좁은 병엔 물을 담기 힘들듯, 마음이 좁은 사람에겐 사랑을 주기도 힘이 든다.

인생을 잘 사는 사람은 많은 정을 주고받으며 조건 없는 사랑을 무한정 주는 사람이다. 흔들림 또한 사람이 살아가는 한 모습이다. 삶에 대한 가치관이 우뚝 서 있어도 때로는 흔들릴 때가 있다. 가슴에 품어온 이루고 싶은 소망들을 때로는 포기하고 싶을 때가 있다.

완벽을 추구하며 세심하게 살피는 나날 중에도 때로는 건성으로 지나치고 싶을 때가 있다. 정직함과 곧고 바름을 강조하면서도 때로는 양심에 걸리는 행동을 할 때가 있다. 포근한 햇살이 곳곳에 퍼져 있는 어느 날에도 마음에서는 심한 빗줄기가 내릴 때가 있다. 따스한 사람들 틈에서 호흡하고 있는 순간에도 문득 심한 소외감을 느낄 때가 있다. 재미난 영화를 보며 소리 내어 웃다가도 웃음 끝에 스며드는 허탈감에 우울해질 때가 있다. 자아도취에 빠져 스스로 만족하는 중에도 자신의 부족함이 한없이 느껴질 때가 있다. 내일의 할 일은 잊어버리고, 오늘만 보며 술에 취한 흔들리는 세상을 보고픈 날이 있다.

늘 한결같기를 바라지만.

| 윤리 방정식 |

어느 날 멀리 떨어져 살던 아들을 보기 위해 어머니가 상경했다. 오랜 만에 만난 모자는 밤새 정다운 대화를 나누었다. 서로가 바쁜 삶을 사는 터라 이튿날 헤어져야 했다. 아들은 힘들게 사는 어머니를 생각해 월세를 내려고 찾아 둔 20만 원을 어머니 지갑에 몰래 넣어 드렸다. 배웅하고 돌아와, 지갑에서 뜻하지 않은 돈을 발견하고 놀라는 어머니의 모습을 떠올리며 흐뭇해했다. 그런데 그는 책상에 펴 놓았던 책갈피에서 20만 원과 어머니의 편지를 발견했다. '요즘 힘들지! 방값 내는 데라도 보태거라.' 독일 작가 케스트너의 소설에 나오는 이야기이다.

경제학적으로 보자면 아들과 어머니 모두 이득도 손해도 없는 교환을 한 셈이다. 서로를 위한 배려는 10배의 에너지를 생성한다.

| 삶이란 |

눈물 나도록 살아라. 새끼 기린은 태어나면서부터 일격을 당한다. 키가 하늘 높이만큼 큰 엄마 기린이 선 채로 새끼를 낳기 때문에 수직으로 곧장 떨어져 온몸이 땅바닥에 내동댕이쳐지는 것이다. 충격으로 잠시 멍해져 있다가 간신히 정신을 차리는 순간, 이번에는 엄마 기린이 그 긴 다리로 새끼 기린을 세게 걷어찬다. 새끼 기린은 이해할 수 없다. 이제 막 세상에 태어났고 이미 땅바닥에 세게 부딪쳤는데 또 걷어차이다니! 아픔을 견디며 다시 정신을 차리는 찰나 엄마 기린이 또다시 새끼 기린을 힘껏 걷어찬다. 처음보다 더 아프게! 비명을 지르며 고꾸라진 새끼 기린은 이 상황을 이해할 수 없어 머리를 흔든다. 그러다가 문득 깨닫는다. 이대로 움직이지 않고 가만히 있다가는 계속 걷어차이리라는 것을. 새끼 기린은 가늘고 긴 다리를 비틀거리며 기우뚱 일어서기 시작한다. 바로 그때 엄마 기린이 한 번 더 엉덩이를 세게 걷어찬다. 충격으로 자빠졌다가 벌떡 일어난 새끼 기린은 달리기 시작한다. 그렇지 않으면 계속 발길질을 당할 것이기 때문이다. 그제야 엄마 기린이 달려와 아기를 어루만지며 핥아주기 시작한다. 엄마 기린은 알고 있다. 새끼 기린이 자기 힘으로 달리지 않으면 하이에나와 사자들의 먹잇감이 되리라는 것을.

우분트(UBUNTU)란 말을 아시나요?

당신이 있어 내가 있습니다. I am because you are!!

유럽의 한 인류학자가 남아프리카 반투족 지역에서 한 가지 실험을 했다고 한다. 그곳 아이들을 모아 놓고서 재미난 게임 하나를 제안했다. 학자는 아이들이 좋아하는 과일을 한 바구니 준비해서 나무에 매달아 놓고 제일 먼저 도착한 사람에게 과일 전부를 주겠노라 제안했다.

인류학자의 처음 생각은 그랬다. 여기 아이들도 유럽의 아이들처럼 앞다투어 뛰어가서 제일 먼저 과일바구니를 차지하려 할 것이라고. 그런데 게임 설명을 하고 "시작!"을 외치자마자 적잖이 당황했다.

예상과는 달리 아이들은 마치 미리 약속이라도 한 듯이 서로 손에 손을 잡고 가서 나뭇가지에 매달려 있는 과일을 내렸다. 그리고 모두 함께 둘러앉아서 입안 가득히 과일을 베어 물고서 키득거리며 재미나게 나누어 먹었다.

이에 놀란 인류학자는 물었다. "왜 모두 함께 갔니? 일등으로 가면 혼자 다 가질 수 있을 텐데." 그러자 아이들은 입을 모아 이렇게 대답했다고 한다.

"UBUNTU우분트, 다른 사람이 모두 슬픈데 어떻게 혼자만 행복해질 수 있나요?" 우분트는 반투족 말로 "네가 있기에 내가 있다I am because you are"라는 뜻이라고 한다.

당신이 행복하기에 저도 행복할 수 있고,

당신이 웃을 수 있기에 저도 웃을 수 있는 것이다.

이는 세상을 살아가는 지혜이자, 모두 연결된 세상을 살아가는 힘이 될 수 있다.

네가 잘되는 길이 내가 잘되는 길이며, 너와 함께하는 삶이 좋은 삶이다.

오늘도 너 없이 내가 없고, 나 없이 너도 없는 "우분트" 하는 삶이 되길 바란다.

LESSON 4

나를 깨우는 힘, 성공

사전을 찾아보면 목적하는 바를 이루는 것을 성공이라고 한다. 조선 시대에는 과거에 급제하고 관직에 오르는 것이 최고의 성공이었고, 지금은 좋은 성적을 받아 좋은 대학에 들어가거나, 대기업이든 공기업이든 공무원이든 사업이든 고소득 고복지 직장을 다니는 사람들을 가리켜 "성공했다"라고 부른다. 또한 비트코인 투자로 돈을 많이 벌거나 유튜브, 연예인으로 이름을 알려 일찍 경제적 독립을 한 사람들에게도 성공했다고 한다.

그럼 "성공"의 반대말은 무엇일까? 혹자는 "실패"라는 사람도 있고, "실패조차도 시도하지 않는 것"이라고 말하는 사람도 있다.

그렇다. 성공이란 일반적으로 사회에서 인정된 찬사를 받는 것이지만 자신이 느끼는 만족의 가치가 진정한 성공이며, 성공은 언제나 긍정의 결과를 낳고, 성공한 사람은 어디에서나 존경받는다. 성공은 주어진 기회나 행운이 아니고, 명확한 노력의 결과이며, 보장된 삶의 여유를 제공한다.

사람들이 원하는 성공의 비밀 하나 소개하고자 한다. 책 『타이탄의 도구들』에서 저자는 성공한 거장들을 만나 그들의 공통점을 분석하였다. 그중의 하나가 바로 일기를 쓴다는 것이다. 너무 진부하게 들릴지는 모르겠지만, 저자가 소개한 것을 바탕으로 한 3가지 비법은 다음과 같다.

1. 하루를 시작하기 전 아침 일기를 쓴다.

아침 일기는 정신을 닦아주는 와이퍼와 같다. 맑은 정신과 후회가 아닌 새로운 희망찬 결심으로 하루를 시작할 수 있을 것이다.

2. 감사하게 여기는 것들을 작성한다.

하루의 반성과 후회가 아닌 현재 가지고 있는 것(고요한 평화, 향기로운 커피 향, 감미로운 음악)에 대한 생각을 떠올리는 것만으로도 평온해지고 풍족함을 느낀다.

3. 저녁에 한 번 더 점검한다.

아침에 쓴 일기를 밤에 한 번 더 살펴보는 것이다. 비록 우울한 일이 있었다고 할지라도, 좋았던 일과 굉장했던 일을 떠올려 적어본다. 그러면 내일도 무언가 굉장한 일을 할 수 있을 것 같은 좋은 기분이 든다.

이렇게 일기를 반성문으로 채우기보다는 감사함으로 채워보자. 이미 성공해서 증명된 방법을 우리도 한번 따라 해보는 건 어떨까?

| 인내 |

대개 성공하는 사람들을 보면 남다른 재주나 특별한 능력이 있어서라기보다는 보통 사람들한테서는 찾아볼 수 없는 뛰어난 인내력이 있음을 알 수 있다. 그래서 성공한 사람 중에는 인내를 통해서 성공한 사람이 많다. 많은 사람이 쉽게 포기한다. 재능이 있어도 그 재능을 다 발휘하지 못한다. 그래서 오늘날은 재능이 많은 것만으로 성공하지 못한다. 훌륭한 교육을 받은 것만으로 성공하지 못한다. 용기가 있는 것만으로 성공하지 못한다. 인내가 없기 때문이다. 참을성이 없기 때문이다. 모두 도중에 포기하기 때문에 성공하지 못하는 것이다. 인생의 성숙과 성공은 인내의 값을 치른 사람에게만 주어지는 귀중한 결실이니까요. 인내를 통해 삶은 성숙해진다.

| 성공의 법칙 |

1. 악행으로 얻은 성공은 오래가지 못한다.

잔머리를 굴려 돈을 잔뜩 벌거나 출세를 했어도, 그 성공은 오래가지 못하고 얼마 지나지 않아 실패하여 궁지에 몰리는 경우가 많다. 악행은 반드시 신이 벌을 내린다. 악행으로 얻은 성공은 한순간이다.

2. 다퉈서 좋은 일은 아무것도 없다.

다툼은 결과적으로 상대방의 원한을 사 운을 나쁘게 하기 때문이다. 신기하게도 재판에서 이긴 후에 불행해지는 사람이 드물지 않다. 다툼은 원한을 남기고 운을 달아나게 한다.

3. 도덕적 부채는 금전적 부채보다 운에 더 큰 영향을 미친다.

감사하는 마음이 운을 가져온다. 우리는 모두 누군가의 희생으로 편안한 일상생활을 영위하고 있으므로 항상 이에 감사하는 마음을 가져야 한다. 도덕적 부채에 대한 인식 없이 살거나 감사한 마음을 가지지 않으면 운이 달아난다. 법만 지키면 무슨 짓을 해도 된다거나 남들도 다 하는 일이니 괜찮다고 생각해 도덕적 과실을 반복하면 좋은 운이 달아나게 마련이다.

4. 좋은 운은 겸손하고 은혜를 잊지 않는 마음에서 온다.

도덕 과학적으로 성찰해 보면, 살아 있는 것 자체가 큰 행운이다. 살아 있음의 행운을 실감하고 경이와 감사의 마음을 가지는 것이 지금의 행운을 지키고 더 좋은 운을 부르는 비결이다. 행운을 부르기 위해서는 겸손해야 한다고 생각하고 있지만, 좀처럼 실행하기는 어렵다. 세상과 사람들 앞에서 겸손하고 감사하는 마음, 은혜를 잊지 않는 마음이 좋은 운을 부른다.

5. 배려하고 격려하고 칭찬하라.

마치 공을 받으면 다시 공을 그대로 던지는 야구의 캐치볼과 같다. 공이 몇 번이나 똑같이 왔다 갔다 하는 것 같지만, 그 위력은 대단히 크다. 공을 받으면 다시 공을 던지는 것이 바로 다툼 없이 화합하고 결국 운으로 연결되는 커뮤니케이션의 비결이다.

6. 남을 위한 일일수록 더 기쁜 마음으로 하라.

운이 좋은 사람은 '남에게 도움을 준다' '하늘이 돕는다'라는 공통점이 있다. 일할 때는 남에게 도움이 된다고 생각하면서 해야 한다. 주위 사람들이 기뻐하니 나도 기쁘고, 점점 더 다른 사람에게 도움이 되고 싶다고 생각하게 된다. 다른 사람에게 도움을 주세요. 신이 당신에게 행운을 내려줄 것이다. 자신과 인연이 있는 사람을 기쁘게 하라는 말도 있다.

| 성공의 비결 |

옛날에 한 청년이 임금님을 찾아가 인생의 성공비결을 가르쳐 달라고 간청했다. 임금은 말없이 컵에다 포도주를 가득 따르고는 청년에게 건네주면서 별안간 큰 소리로 군인을 하나 부르더니, "이 젊은 청년이 저 포도주잔을 들고 시내를 한 바퀴 도는 동안 넌 칼을 빼어 들고 그를 따라라. 만약 저 청년이 포도주를 엎지를 때는 그의 목을 내리쳐라!"라고 명령했다. 청년은 식은땀을 흘리며 그 잔을 들고 엎지르지 않고 시내를 한 바퀴 돌아왔다. 임금님은 청년이 시내를 도는 동안 무엇을 보고 들었는지 물었다. 청년은 아무것도 보지 못하고 듣지도 못했다고 대답했다. 그러자 임금은 큰 소리로 다시 물었다.

"넌 거리에 있는 거지도 장사꾼들도 못 보고 술집에서 노래하는 것도 못 들었단 말이냐?"

청년은 다시 "네, 저는 아무것도 보지도 듣지도 못했습니다."라고 대답했다. 그랬더니 임금은 말했다.

"그렇다 이것이 네 인생의 교훈이다. 네가 거리를 한 바퀴 돌면서도 그 잔만 바라보고 정신을 집중시킨 것처럼 너의 인생에 모든 것을 집중하고 살면 성공할 것이고 유혹과 악한 소리도 들리지 않을 것이다."

세상을 살다 보면 내가 하는 일에 만족하지 못하고 주위에 있는 다른 일들이 더 좋아 보이기도 한다. 그곳에서 더 큰 만족을 얻을 것처럼 생각하여 자꾸 주변을 기웃거리기도 한다. 그러나 참다운 성공의 비결은 자기가 하는 일에 보람을 가지고 최선을 다하는 것이다. 그런 다음 주어진 또 다른 일에서도 성공할 수 있을 것이다.

| 솔크 박사의 200가지 성공 |

'조너스 솔크'는 미국의 의사이자 의학자다. 당시 가장 무서운 질병 중 하나였던 소아마비를 연구해 1955년 드디어 미국 내에 소아마비 백신이 생산되기에 이르렀다. 솔크 박사는 소아마비 백신 개발 연구에서

200번이나 실패했다.

"박사님, 백신 개발에 벌써 200번이나 실패했는데 기분이 어떻습니까?"

하지만 솔크 박사는 당당하게 대답했다.

"저는 실패한 적이 결코 없습니다. 단지 백신이 효과를 내지 못하는 200가지의 방법을 발견했을 뿐입니다."

그 후 오랜 고생 끝에 박사는 백신을 개발했다. 백신을 팔면 엄청난 부를 얻는 것은 시간문제였다. 그러나 박사는 백신 제조법을 무료로 공개했다. 그리고 한마디로 답했다.

"저는 백신을 특허로 등록하지 않을 것입니다. 저 태양을 특허로 신청할 수 없듯이 말입니다."

인간에게 특허할 수 없는 것이 있다면 무엇일까?

바로 당신이 지금 짓고 있는 가장 아름다운 모습, 태양과 같은 웃음이 아닐까?

LESSON 5

에필로그

얼마 전 공원에서 자전거를 타러 나온 아이들을 보았다. 초등학교 1~2학년 정도 되었을까? 남자아이가 두발자전거를 처음 배우는지 연신 뒤에 아빠가 있는지 확인하면서 페달을 밟고 있다.

"놓지 마!~ 놓으면 안 돼!"

"알았어, 꼭 붙잡고 있으니 걱정하지 말고 앞만 봐."

누구에게나 넘어질까 두려움을 느끼며 자전거의 첫 페달을 밟은 기억은 있을 것이다. 넘어져 울기도 하고, 다시 용기 내어 타다 또 넘어지고, 여러 차례 넘어지길 반복하다 어느새 바람을 가로지르며 달리고 있는 자신의 자랑스러웠던 모습을 기억할 것이다.

자전거를 배우고 익숙해져 쌩쌩 달리는 모습을 보면 우리의 삶과 참 많이 닮아 있다는 생각이 든다. 익숙하지 않은 삶 속에서 넘어지기도

하고, 몸으로 부딪쳐 다치기도 하면서 우리는 차츰 몸의 균형을 잡아 가며 익숙해진다.

멈추지 않으면 잘 굴러가는 자전거처럼 우리의 삶도 멈추지 않으면 잘 굴러갈까?

아마도 그럴 것이다. 비록 비가 내리기도 하고, 바람이 불기도 할 것이다. 때론 웅덩이를 만나 넘어질 위험에도 처할 것이다. 하지만, 멈추지 않고 손잡이를 바로 잡고 나아간다면 우리의 인생도 나의 방향 따라 똑바로 나아갈 것이다.

어렵더라도, 힘이 들더라도 포기하지 말자. '내일의 나'에게 믿음을 주기 위한 발자국을 남겨놓자. 그러기 위해서는 발걸음을 멈춰서는 안 된다. 설사 앞으로 가지 못하는 것처럼 느껴지거나 때로는 후퇴하고 있는 것처럼 느껴져도 발걸음을 멈추지 말자. 우리의 삶은 멈추지 않는 것만으로도 완성된다.

그 속에 감사와 사랑이 충만하다면 인생은 여러분에게 성공과 행복을 안겨줄 것이다.

인생이 힘들 때 늘 위로가 되어 주었던 애장 시 한 편을 소개하며, 긴 세월 잘 견디고, 버티고, 또한 이겨 낸 당신에게 박수를 보낸다.

멈추지 말라

- 양광모 -

비가 와도
가야 할 곳이 있는 새는
하늘을 날고,

눈이 쌓여도
가야 할 곳이 있는 사슴은
산을 오른다.

길이 멀어도
가야 할 곳이 있는 달팽이는
걸음을 멈추지 않고,

길이 막혀도
가야 할 곳이 있는 연어는
물결을 거슬러 오른다.

인생이란 작은 배
그대, 가야 할 곳이 있다면
태풍이 불어도 거친 바다로 힘차게 나아가라.

PART 10

나도 범죄예방 및 경호 전문가가 될 수 있다!

이준화

Mobile 010-3648-3743
Email tweetyabba@naver.com

학력 및 경력사항 /

- 고려대 명강사 최고위과정 15기 윤리위원장
- 경운대학교 일반대학원 항공보안경호학과 박사과정 中
- 한국항공대학교 항공·경영대학원 항공우주법학과 법학석사 학위
- 대통령경호처 경호안전교육원 교수(현)

강의 분야 /

- 국가위기관리 분야, 미래위협 분야, 경호·보안 분야

자격 사항 /

- 명강의 명강사 1급, 리더십 지도사 1급(한국상담협회)
- 기업강사자격 1급, 평생교육강사자격 1급(한국교육강사연합회)
- 행정사(행정자치부)

수상 경력 /

- 근정포장증(문재인 대통령)
- 대통령표창(박근혜 대통령)
- 대통령표창(노무현 대통령)

저서 및 논문 /

- 명강사 25시(공저)
- 항공범죄의 효율적 억제를 위한 입법적 개선방안(석사 학위 논문)

LESSON 1

들어가면서

모두가 바라는 유토피아, 즉 인간이 생각할 수 있는 최선의 상태를 갖춘 완전한 사회(네이버 국어사전의 정의)는 아마도 범죄가 없는 세상일 것이다. 이런 유토피아를 꿈꾸며 사회제도와 법을 만들어 가고 있다. 그러나, 현실은 냉혹하리만큼 각종 다양한 범죄를 양산하고 있다. 범죄수법이 나날이 발전하고 있는 가운데 자신도 모르는 사이에 범죄의 대상이 되는 시대에 살고 있다. 우리는 날씨에 대한 예측을 기상예보를 통해서 접한다. 비가 온다고 하면 우산을 준비해서 비를 피할 수 있다. 범죄나 안전은 예측 불가할 때가 많다. 여러 가지 사회범죄는 예측하기가 어렵기에 생겨나는 것을 막을 수는 없다. 그러나 우리는 예방 차원의 대비에 따라 범죄가 일어나는 것을 막을 수도 있고, 피해 정도도 많이 달라지게 할 수 있다. 우리가 범죄예방에 대한 기본적 지식을 알고 있다면 나와 타인에게 일어날 수 있는 범죄 발생을 억제할 수 있어 조금 더 따뜻한 사회를 만드는 데 일조할 수 있을 것이다.

어느 학자는 "사람은 환경적 동물이다."라고 말했다. 주변 환경에 의해서 많은 영향을 주고받으며 살아가고 있다. 모든 생태계는 환경적 요소를 피해 갈 수 없다. 이런 생태계의 환경적 요소는 인간에게 특히 많은 영향을 미친다. 안전교육에 대해 전문적 지식을 가진 필자는 우리 사회에 일어날 수 있는 사회범죄를 예방적 차원에서 알려주고 따뜻한 사회 건설에 일조하고자 이 글을 쓴다. 내 주변의 환경설계를 통해서 막을 수 있는 CPTED Crime Prevention Through Environmental Design의 세계로 들어가 보자.

LESSON 2

CPTED 개념 및 생성 과정

CPTEDCrime Prevention Through Environmental Design 즉 환경설계를 통한 범죄예방은 도시환경의 범죄에 대한 방어적인 디자인이다. 이는 범죄가 발생할 기회를 줄이고, 시민들이 범죄에 대한 두려움에서 안전감을 유지하도록 한다. 궁극적으로 삶의 질을 향상하는 종합적인 범죄예방 전략이라 할 수 있다.

어렸을 적에 엄마가 읽어주시던『아기 돼지 삼 형제』동화책을 살펴보자. 엄마 돼지가 아기 돼지 삼 형제에게 이제 너희들은 다 컸으니 나가서 각자 살도록 하라고 한다. "늑대가 쳐들어올 수 있으니 집을 아주 튼튼하게 지어야 한단다."라고 예방 교육을 시켰다. 첫째는 가벼운 볏짚을 엮어 초가집을, 둘째는 단단한 나무에 못을 박아 나무집을, 셋째는 벽돌을 차곡차곡 쌓아서 벽돌집을 지었다. 늑대의 공격으로부터 아기 돼지 삼 형제를 구한 것은 막내 돼지의 벽돌집이었다. 이처럼 잘 설계된 물리적 환경이 범죄 예방에 얼마나 중요한가는 경호·경비 업무 담당자에게 시사하는 바가 크다.

사회는 다양한 개성을 가진 사람들이 모여 사는 곳이다. 갈등의 발생은 당연한 것이고 사회가 발전함에 따라 갈등은 다양한 양상으로 나타난다. 갈등과 다양한 사회현상은 범죄라는 행동으로 표출되기도 한다. 그럼 범죄는 예방할 수 없는 것일까? 아니 예방이 어렵다면 줄일 수는 없을까? 줄일 수 있는 방안에는 무엇이 있을까? 이런 것들은 사회가 형성되면서부터 생겨난 의문일 것이다. 즉 범죄현상이 발생하게 됨으로써 대응전략이 필요하게 되었다.

경호 활동에서도 예방경호 활동이란 경호대상자에 대한 위해기도의 성공 기회를 최소화·무력화하는 활동이다. 위험요소를 사전에 제거하거나 최소한의 수준으로 감소시켜 경호대상자의 안전을 보장하는 활동이다. 위해상황은 전적으로 위해기도자의 선택(시기, 장소, 방법 등)에 의해 이루어진다. 경호관 입장에서는 우발 상황이기 때문에 경호의 궁극적 목표인 경호대상자의 신변보호에 실패할 확률이 높다.

미국의 SS교범에 "첫 발은 막을 수 없다."라고 말한 이유도 이 때문이다. 즉 예방경호는 위험요소를 사전에 제거 또는 무력화하여 상황 발생을 사전에 차단하는 것보다 경호 목적을 달성하는 최선의 방책이라 할 수 있다.

상황 발생을 예방하는 것이 경호의 목적 달성을 위한 가장 최선의 길이라는 것은 반론의 여지가 없다. 선발경호 활동의 핵심인 예방경호 활동의 중요성은 더욱 강조된다 할 수 있다. 선발경호는 이러한 경호의 1차적 목표인 '예방경호 활동'을 통하여 경호의 목적을 달성하려는 특성을 갖고 있다. 이런 이유에서 CPTED의 중요성은 범죄예방뿐만 아니라 경호예방 활동에서도 큰 몫을 차지한다고 볼 수 있다.

CPTED의 생성과정을 살펴보자. 연구의 기원은 19세기 프랑스의 게리나 케틀레 등에 의한 범죄통계학 연구로 보는 시각도 있지만, 근대의 생태학적 연구방법론을 이용하여 범죄의 지리학적 분포에 대한 분석을 시도하여 환경범죄학에 대한 연구의 기초를 마련한 것은 1920년대의 시카고 학파라고 할 수 있다. 하지만 이들은 1940년대 이후 주장의 기초가 된 사회생태학 이론이나 연구방법에 대한 비판이 끊이지 않아 급속하게 쇠퇴하였다. 이후 1970년대 후반 제인 제이콥스와 오스카 뉴먼 등 사회학자가 아닌 건축, 도시 전문가들에 의한 범죄와 물적 환경에 대한 연구가 주목을 끌기 시작하면서 다시 각광받기 시작하였다. 1970년대 뉴욕주립대학과 플로리다주립대교수로 재직하였던 제퍼리C.R.Je ffery 교수로 1971년에 최초로 『Crime Prevention Through Environmental Design』이라는 제목의 단행본을 출간했다. 환경범죄학이라는 용어는 브랜팅험 부부가 1981년 자신들이 저술한 책의 제목을 환경범죄학Environmental Criminology이라고 정의하면서 사용되기 시작하였다.

그럼 CPTED의 개념에 대해 좀 더 알아보자. 환경범죄학의 가장 기

초가 되는 가정은 범죄자는 합리적으로 행동한다는 것이다. 합리적 선택이론에 의해 잠재적 범죄자들은 수입을 얻는 합법적 기회가 열린다. 합법적 기회가 제공하는 보상의 양, 불법적 방법이 제공하는 보상의 양, 체포 가능성, 처벌 가능성 등을 계산한다. 그리고 그 후에 자신의 행동을 결정하게 되는데 그 행동은 물론 자신에게 돌아오는 보상이 가장 큰 방향으로 정해진다는 것이다. 그렇기 때문에 환경범죄학은 지리적, 물적 환경의 변화를 동반한다. 범죄자가 파악하는 체포 가능성과 처벌 가능성을 높임으로써 범죄자가 범죄행위를 일으킬 수 있는 동기를 감소시킬 수 있다고 주장한다. 또한 인간의 시각적 심리작용이 범죄피해의 가능성과 깊은 관계가 있다는 경험적 사실을 안다. 이것을 토대로 범죄를 최소화하기 위하여 밝은색과 조명을 사용하여 온 지 오래다.

예를 들어 프랑스의 루이14세는 파리의 야간 치안을 확보하기 위하여 시내 전역에 7,000여 개의 가로등을 설치했다. 도시 절도사건을 크게 줄이는 계기가 되었다. 나폴레옹 3세는 도로를 확장하고 직선화하는 도시

파리 시내 가로등 설치 모습

계획을 시행하여 도심의 미관을 개선하고 지역 질서를 확립하였다. 이와 같이 물리적 환경의 변화는 특정 지역 범죄 감소 효과에 이용되었다.

환경설계를 통한 범죄예방의 개념을 정립하고 특정 개념들을 알아보자. 범죄라는 말은 일상적으로 사용하고 있으면서도 그 개념을 정의하기는 매우 어렵다. 국어사전의 정의를 따른다면 범죄란 "저지른 죄" 혹은 "법률에 의하여 형벌을 받아야 할 행위"를 지칭하는 말이다.(『국어대사전』, 한국어사전편찬회, 1991) 그러나 범죄라는 용어는 그 의미가 단순한 듯하면서도 실제로는 지니는 의미가 매우 가변적이다. 상식의 수준에서 생각한다면 사회질서를 파괴하고 남을 괴롭히거나 다른 사람에게 손해를 끼치는 일체의 행위를 범죄로 간주할 수 있을 것이다. 그러나 종교적인 관점에서는 계율에 위배되는 행위 모두가 범죄로 규정된다. 법률적 관점에서는 법으로 금지한 사항을 준수하지 않거나 법에 규정한 의무를 이행하지 아니하는 경우를 범죄로 간주하기도 한다. 이론상으로는 보편적 가치관을 기준으로 범죄를 정의하는 것이 가장 합리적일 것이다. 그러나 보편적 가치관 자체가 모호한 경우가 많기 때문에 그것을 판단의 기준으로 삼을 경우에는 오히려 혼란이 초래될 소지가 많다. 법학자들은 형식적 의미의 범죄와 실질적 의미의 범죄를 구분하여 개념을 정의하는데, 형식적 의미로는 "형벌법규에 의하여 형벌을 과하는 행위"라고 규정하며 실질적 의미로는 "사회적 유해성 내지 법익을 침해하는 반사회적 행위"라고 정의한다.

예방의 개념으로 "하나 또는 그 이상의 범죄행위가 발생하는 것을 미리 예방하는 개인이나 집단의 공적 또는 사적인 행위"로 규정했다. 범죄예방의 개념을 세 가지의 단계에 대한 작용으로 인식한다. 첫 번째 단계는 범죄로 규정되는 것을 포함해서 사회적으로 적응력이 없는 행동들을 촉진하고 그런 기회를 제공하는 물리적이고 사회적인 환경들을 줄이고 없애는 과정이다. 일차적인 예방 접근법은 모든 행동들이 범죄행위에 가담하느냐, 안 하느냐에 상관없이 그 사회의 모든 사람들에게 영향을 끼치게 된다는 것이다. 두 번째 단계는 범죄자가 범행을 실행하기 전에 범죄유형별로 이를 중점적으로 저지하려는 것이다. 가능한 한 빨리 범죄의 징후나 전조들을 확인하는 일이 포함되고 그러한 범죄행위가 전개되지 못하도록 위축 또는 억제하기 위한 모든 방식의 개입을 의미한다. 이것은 범죄행위가 전개되는 근거를 제공하는 요소들을 확인하는 것이다. '싹이 보일 때 잘라야 한다'와 같은 것이다. 마지막으로 세 번째 단계는 실질적인 범죄자 확인과 관계가 있다. 한번 범죄자로 처벌되었던 범죄자가 다시 범죄를 저지르지 않도록 하기 위한 것이다. 범죄자의 처벌, 처우 및 재분류와 같이 범죄예방을 위한 방법으로 그들의 생활에 개입하는 것을 말한다.

초기의 사회학에 근거한 범죄연구에서 물리적 환경이 관심의 대상이 된 것은 범죄가 일정 지역에 골고루 분포되어 발생하는 것이 아니라는 것이다. 일정 지역에서 일정 대상을 목표로 일정 시간에 주로 반복된다는 사실에 대한 발견이었다. 이 경우 범죄의 지역 편중 현상을 범죄자의 개인적 성향이나 사회적 배경만으로는 설명하기는 곤란하다. 오히려 그 지역의 환경적 특성에 기인하는 것으로 보는 것이 더 타당하다는 점이다. 예를 들어, 어느 지역의 내부 환경과 주변 환경 등 일정한 물리적 환경의 특성이 범죄기회구조를 제공한다. 그 장소에서의 범죄발생을 유도하여 환경적 요인을 차단하고 예방하는 것이 효과적이라고 할 수 있다. 설계는 '계획에 따라 어떤 것의 세부사항, 각 부분들, 형태들을 고안해내고 배치하는 것'으로 정의된다. 이러한 개념은 범죄학의 과학적인 전문화를 통하여 범죄행위가 일어나는 것을 사전에 예방하는 것을 목적으로 인간의 여러 가지 행동유형의 사회적 통제를 통하여 범죄의 복합성을 이해하려는 시도와 직접적인 관계가 있다. 건축 및 환경의 올바른 설계와 관리는 범죄를 예방한다. 이는 범죄에 대한 공포감을 감소시켜 삶의 질 향상이라는 결과로 이어질 수 있다는 가정에서 출발한다. 잘못된 건축 및 환경의 설계와 관리는 범죄와 범죄에 대한 두려움의 증가 및 삶의 질을 저하하는 결과를 초래할 수 있다. CPTED에서 환경은 사람과 사람들이 사는 물리적·사회적 환경을 포함하는 개념이다. 환경설계란 환경 자체에 밀접하게 연관된 변수들을 변화시킴으로써 특정범죄나 두려움을 예방하는 기법이다. CPTED란 특정 지역의 방어 공간적 특성을 강화한다는 것이다. 잠재적 범죄자들에게 발견의 위험성을 증가시키고 범행의 성공 가능성을 현저히 낮게 인식시키는 것이다. 범죄를 억제하고자 사회 내의 물리적·사회적·제도적 환경을 개선하는 것이다. 이로 인해서 예견되는 미래의 개연성이 높은 범죄기회를 차단하는 예방활동이라고 할 수 있다.

LESSON 3

CPTED 필요성

CPTED는 인력에 의한 범죄예방 활동이 한계에 부딪히자 새로운 방안의 범죄예방기법이 요구되면서 시작되었다. 장비와 주변의 환경을 결합한 환경친화적 경비시스템의 구축이 절실하게 필요하게 되어 발전하게 되었다. 가장 먼저 CPTED 산업에 뛰어든 국가는 미국으로 1960년대부터 필요성이 대두되기 시작했다. 1970년대 후반부터 본격적인 서비스 산업으로 인정받았다. 또한 국제 심포지엄 개최뿐만 아니라 대학과 학교의 CPTED 관련 교육 프로그램 개발과 적용, 학문적 연구가 활발히 진행되고 있고 미국의 플로리다주에서는 CPTED와 관련된 법률이 세계 최초로 주 의회를 통과하였다.

실제로 플로리다 게이네쉬빌시에서는 오후 9시 이후까지 영업을 하고자 하는 상점은 9시 이후부터는 남자종업원의 숫자를 늘리고 조명

CPTED 교육 프로그램 참석 모습

의 밝기도 이전보다 50% 이상 높이도록 의무화하였다. 그리고 각 업소의 업주와 관련 종업원들은 시에서 시행하는 교육 프로그램에 의무적으로 참여하도록 하였다.

그 결과 프로그램에 적극적으로 동참한 지역 상인들은 범죄피해 비율이 이전보다 65%나 감소한 것으로 나타났다. 미국에서 일찍부터 CPTED가 발달할 수 있었던 이유는 상점에 수시로 찾아오는 좀도둑과 강도로 많은 피해를 입었고 이에 대책 수립의 필요성이 강하게 제기되었기 때문이다. 우리나라도 급격한 도시화와 인구집중으로 범죄 발생률은 증가하였는데 검거율은 줄어들었다. 국민들은 범죄에 더욱 취약해지고 있다. 최근 대부분의 강력 범죄자들의 양상이 침입절도나 강도 등 상대적으로 경미한 범죄를 행하려는 과정에서 부수적으로 이루어진 성폭력과 같은 범죄들이 만성적인 성폭력이나 연쇄살인 범죄의 사이클로 진입하는 시발점이 되고 있다. 침입범죄와 같은 경미범죄자들에 대한 체계적인 통제가 얼마나 중요한 것인지를 알 수 있다.

CPTED 기본 원리

자연적 감시

자연적 감시란 가시권을 최대화할 수 있도록 건물이나 시설물 등을 배치하는 것이다. 자연적 감시는 침입자가 발생하였을 경우 쉽게 관찰할 수 있는 상태를 만들어 주민들이 이웃과 낯선 사람들의 활동을 쉽게 구분할 수 있게 한다. 범죄 용의점이 있다고 판단될 경우, 경찰에 신고하는 등 적절한 조치를 취할 수 있도록 함으로써 범죄활동이 일어날 가능성을 줄일 수 있다. 특히 야간에 가시성을 극대화하기 위해서는 주차지역, 문이나 창문 등 빌딩의 출입구, 보행로와 도로, 정원 벤치 등에 적절한 조명을 설치해야 자연적 감시가 가능하다. 불량 설계로 공원 등 공공장소나 주거지역 등에서 보행자들이 다니는 통로의 가시성이 차단되는 경우도 있다. 결국 범죄인에게 은신처를 제공하여 성범죄

밝은 시야성으로 자연적 감시 제공

나 강도와 같은 강력범죄를 가능하게 하는 기회를 제공할 수도 있다.

지역공동체 내 및 주변에 있는 통로는 항상 깨끗하게 유지해야 한다. 지역 주민들이 주변에서 일어나는 것을 잘 볼 수 있도록 시야가 방해받지 않도록 해야 한다. 자연적 감시와 관련하여 많은 것들이 언급될 수 있지만, 많은 학자들이 언급하는 것 중 하나가 바로 가로등이나 조명시설이다. 즉 조경 및 조명은 가정, 건물 내부와 외부에서 이웃이나 지나가는 행인들에 대한 자연적 감시를 증진시켜 줄 수 있기 때문이다.

자연적 접근통제

자연적 접근통제란 사람들을 보행로, 출입문 등을 통해 일정한 공간으로 유도함을 말한다. 동시에 허가받지 않은 사람들의 진·출입을 차단하여 범죄목표물에 대한 접근을 어렵게 만드는 것이다. 범죄행동의 노출 위험을 증가시켜 범죄를 예방하는 것을 말한다. 또한 아파트나 공동 주택단지의 경우, 입주민의 편의 등을 고려하여 단지 내 출입구 수를 최소화함과 동시에 출입통제장치를 설치해서 허가받지 않은 사람의 출입을 차단하는 것을 말한다. 대상물 강화 전략으로 잠재적인 범행 표적물이 피해를 입지 않도록 하는 노력이다. 따라서 잠금장치의 설치 및 활용, 침입 방지 경보장치 등이 범죄를 저지르기 곤란하도록 활용된다. 감시 및 보안카메라 등도 대상물 강화 전략 관점에서 고려된다. 범죄자로 하여금 타인의 주거지역 등에 접근하는 것을 포기하도록 하고 지역 주민들로 하여금 공공 지역과 사적 지역을 분명하게 인식시키도록 하는 것이다. 자연적 접근통제는 경비원과 같은 전문 인력과 차량인식 시스템 등과 같은 물리적 수단이 병행되어야 효과가 증가한다.

차량 출입 통제 장치 설치

이러한 것들이 감시 지향적인 것으로 보이지만, 잠재적 범죄자에게는 심리적 억제로 작용하여 성공적인 범행에 상당한 장애물로서 기능하게 된다. 그 예로 공공구역을 통과하려는 낯선 차량에 대해 통행을 차단하고, 주차스티커를 갖고 있는 주민의 통과를 허용하는 방식은 범죄를 억제하는 접근통제에 포함될 수 있다.

| 영역성 |

영역성이란 어떤 지역에 대해 지역 주민들이 자유롭게 사용하거나 점유함으로써 그들의 권리를 주장할 수 있는 가상의 영역을 말한다. 영역성은 실질적이거나 가상적인 경계를 만들어 해당 지역에 대한 정당한 이용자와 그렇지 못한 사람들을 구별한다. 지역 주민들 간에는 공감대를 형성하여 지역공동체를 만들어 낼 수 있다. 영역성은 공사(公私) 공간을 구별하고 대지의 경계선을 나타내는 기능을 가지고 있다. 울타리, 표지판 등과 같은 소유권을 표현하는 물리적 특징을 사용한다. 해당 영역에서 활동하거나 그 영역을 사용하는 사람은 영역에 대한 통제에 긍정적이다. 범죄자는 이러한 통제를 인식함으로써 범죄를 저지르고자 하는 마음이 줄어든다. 또한 영역감은 사적 공간과 공적 공간 사이의 구별과 대지의 경계선을 정의할 수 있는 특징을 내포하기도 한다.

LESSON 5

CPTED 범죄억제 방안 및 적용 사례

| 범죄억제 방안 |

범죄자의 범죄실행을 어렵게 만드는 방법으로는 범행대상의 강화, 접근통제, 촉진요인통제 등을 들 수 있다. 범행대상의 강화는 범죄기회를 감소시키기 위해 시건장치나 경보장치들을 사용함으로써 범죄목표물의 물리적 안전성을 증대하려는 방법이다. 잠금장치나 경보기를 사용함으로써 범죄목표물의 물리적 안전성을 증대하려는 방법으로 일반적으로 첫째는 안전장비 등을 설치하여 외부의 침입으로부터 시설이나 건물 등을 보호하는 안전개선책이며 둘째는 빌딩이나 시설물들에 대해 안전에 관한 설계 등의 지침을 제시하거나 규제하는 방법이며, 셋째는 잠재적 피해자들로 하여금 특정 유형의 범죄에 대해 주의할 것을 환기시키는 목적을 지닌 대중 홍보 방안이다. 접근통제는 합

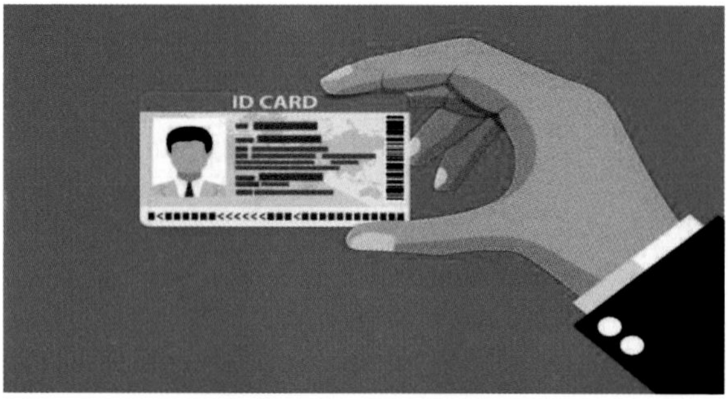

방문객 신분 확인 접근 통제 강화

법적인 용건을 가진 사람에 한해 어떤 건물이나 어떤 지역에 출입하는데 필요한 노력을 증가시킴으로써 범죄의 기회를 감소시키는 것이다.

어떤 지역을 안전하게 하는 데에는 다양한 방법이 이용될 수 있으나 접근통제 전략은 보통 목표물의 견고화로 잠재적인 범죄의 목표물이 보다 범죄피해를 당하기 어렵게 만드는 것을 말한다. 범죄자들은 단순히 목표에 대한 접근을 통제하거나 범죄기회를 최소화시키는 방향으로 환경여건을 설계함으로써 예방될 수도 있다. 방문객 체크인 장소와 경비실을 설치하는 것, 출입구 수를 줄이는 것, 현금 대신 수표나 신용카드를 사용하도록 하는 조치들은 현금을 노린 강도 등의 범행기회를 줄일 수도 있다. 일부 범죄들은 범죄실행에 필요한 수단을 제거하고 사용이나 기회를 사전에 차단함으로써 예방할 수 있다. 운항항공기 탑승객에 대하여 무기나 폭발물의 휴대를 엄격히 조사하는 것은 비행기의 공중납치와 같은 범죄를 줄일 수 있으며, 술집이나 운동경기장에서 유리 용기를 플라스틱 용기로 교체함으로써 폭력의 잠재성을 줄일

CCTV를 통한 감시 강화

수 있다. 또한 CCTV와 조명 설치는 감시 지향적으로 보일지라도 잠재적 범죄자들에게는 심리적 억제물로 작용하여 범죄행위 실행에 장애물로 작용한다.

감시는 범죄자가 주민에 의해 관찰될 기회를 증가시키는 어떤 행위를 의미하는 것으로 대부분의 범죄유형에 적용되며 다른 예방책들에 비해 비용이 많이 드는 것은 아니다. 방법은 기술적 감시, 공식적·비공식적 감시, 자연적 감시로 나눌 수 있다. 첫째, 기술적 감시 방법은 CCTV를 통한 감시 방법으로 주거지역보다는 운동경기장, 상점, 지하주차장에서 더욱 효과적인 것으로 나타나고 있다. 둘째는 공식적 감시로 경찰 등이 계속적으로 검거 위협을 제공함으로써 경호활동과 협조체제를 이루기도 한다. 비공식 감시는 공권력 기관이 아닌 일반 시민들에 의해 행하여지는 것으로 경비업체 직원, 상점 점원 등이 포함되며 자연적 감시는 넓은 조명, 가로조명 개선 등을 의미한다. 또한 가정과 지역사회에서 경고 사인을 사용하는 것으로 범죄자의 범죄 시도를 억제하는 잠재력을 가지며, 개인의 재물에 대한 식별표시는 훔친 물건을 유통하거나 처분하기 어렵게 만들어 범죄를 행함으로써 기대되는 이익을 감소시키고 피해자들이 쉽게 찾을 수 있도록 만들어서 범죄예방을 성공적으로 수행하는 것이다.

| CPTED 적용 사례 |

우리나라에서 가장 안전한 주거지 중 하나인 서울 도곡동 타워팰리스. 외부에 알려진 공식적인 침입 절도는 2004년 9월 가정부가 집주인의 고급시계 등 금품 700만 원어치를 훔친 것으로 첫 번째이자 마지막 사건이었다.

타워팰리스 방범체계를 보면 4개 동에 모두 264개의 CCTV가 설치되어 있고 침입자의 이동 경로를 처음부터 끝까지 다 파악할 수 있으며, 방문객은 내부 진입 시 안내 데스크에서 신원을 확인받은 다음 엘리베이터를 이용하고, 방문객이 지하주차장으로 진입할 경우에는 4개

CPTED 설계를 적용한 타워팰리스

위급상황 안심벨 설치

의 대형 스크린에 감지되면서 침입자 발생램프가 울리게 되어 있고 침입자가 운이 좋아서 현관문 앞까지 다다랐다고 해도 현관문 잠금장치를 뜯어내는 순간 보안 팀에 경보음이 울리도록 설계되어 있다.

또한 안동시는 현장 안전진단 결과를 토대로 노후 주택들과 좁은 골목길이 많고 야간에 어두운 안동여고, 안동여중, 경안여중의 통학로에 범죄예방 환경디자인을 적용하여 안심 비상벨 설치(8개소), 방범용 CCTV 설치(13대), 안심 횡단보도 설치(4개소) 등 환경개선을 조성 했다. 방범용 CCTV는 사람의 얼굴과 차량번호를 인식하여 통학로를 감시하고 있으며, 안심 비상벨은 위급 시 비상벨을 누르면 경광등이 울리고 112 순찰차가 출동하게 되어 있다.

아울러 함께하는 '안심통학길' 표지판을 골목길 담벼락에 부착하여 이곳을 이용하는 보행자나 학생들이 안심하고 다닐 수 있는 길을 알려줌으로써 이용자에게 심리적 안정감을 제공하고 잠재적 범죄자들이

횡단보도 LED 조명 설치로 보행자 안전 도모

범죄 실행을 재고할 수 있도록 환경설계적 범죄예방을 실현하고 있다. 또한, 야간에도 차량 통행이 많은 도로 횡단보도에 LED 조명을 설치하여 운전자가 보행자의 안전에 주의하게 하고 있다.

이와 같이 CPTED 디자인을 적용하면 범죄에 대한 두려움은 감소하고 환경디자인에 대한 만족도도 높아진다. 하지만 더욱 중요한 것은 사후 대처가 아니라 사전에 발생하지 않도록 한다는 것에 있다고 할 수 있다.

LESSON 6

CPTED 경호 행사 적응 방향 및 사례

경호 행사에 CPTED 디자인을 적용하는 방향에는 어떤 것들이 있을까? 아마도 우리가 조치하고 있는 것들 중 CPTED 원리에 기반을 둔 것들도 있으리라 생각된다. 다음과 같이 감시기법을 활용한 범죄예방 전략, 공간 이미지 관리로 인한 범죄기회 감소, 접근 통제적 설계를 통한 범죄 의지 좌절 등의 조치 사항에 대해 알아보자.

| 감시기법을 활용한 범죄예방 전략 |

감시기법이라고 하는 것은 어쩌면 경호 임무 중 가장 기본이라고 할 수 있다. 우리는 경호현장에서 시각, 청각, 후각, 미각, 촉각 등 오감과 더불어 육감을 활용하여 경호 임무에 최선을 다하고 있다. 하지만 경호관의 육감만으로 경호대상자의 위해행위를 방지하기에는 어려운

점이 있다. 만약 범죄예방적 설계, 즉 CPTED 환경 아래서 경호관의 육감이 발휘된다면 사전 예방적 위해행위 방지에 한 발 더 다가갈 수 있을 것이다.

우리는 행사장에 출동하기 전 그곳 정보에 대한 브리핑을 통해 경호 조치에 대한 대비를 하게 된다. 대통령 등 경호에 관한 법률에 의거, 행사장 주변에 경호 구역을 설정하여 행사장에 참석하고 있는 경호대상자를 비롯한 참석자의 안전 조치를 실시하고 있으며, 행사장 건물에 설치된 CCTV에 대한 감시도 강화하여 테러리스트나 위해자의 공격에 대비한다. 하지만 감시기법은 CCTV 등 물적 시스템만으로는 한계가 있으므로 경호 인력을 가동한 순찰 등의 감시기법도 혼합되어야 할 것이다. 행사장을 둘러싸고 있는 경비구역에는 경찰 등 정복을 착용한 경호요원들의 순찰을 강화하고 행사장 핵심구역인 안전구역에는 정복 착용 경호요원들이 참석자에게 거부감을 줄 수 있으므로 사복 경호요원들의 순찰 활동을 강화하는 것이 필요하다. 아울러 경호요원들의 순찰

사각지대 CCTV 및 사인판 설치

을 무작정 늘릴 수만은 없는 일이다. 순찰이 어려운 곳이나 행사장 건물 CCTV 감시가 어려운 곳을 선정하여 휴대용 감시카메라를 설치하여 핸드폰을 통해 실시간 감시체계를 가동하고 CCTV 설치가 어려운 곳은 CCTV 설치 표시만이라도 한다면 위해자의 범행 실행 의지를 조금이나마 재고할 기회를 제공할 수 있다. 앞서 살펴본 바와 같이 그런 것이 얼마나 도움이 되겠느냐고 반론을 펼 수 있겠지만 범죄예방적 환경설계의 범죄율 감소를 살펴보면 많은 차이가 있음을 알 수 있다.

| 공간 이미지 관리로 범죄기회 감소 |

주변 환경은 인간의 행동에 커다란 영향을 미치는데, 범죄예방에 치우쳐 보안장비 설치만을 강조할 경우 주변 환경을 메마르게 하여 오히려 공포감을 조장하는 반면, 조화롭고 아름다운 환경은 참석자에게 안락함을 제공한다. 따라서 범죄예방적 좋은 환경설계는 가능한 한 주변 환경을 있는 그대로 활용하고 해당 시설의 기능적인 목적 달성보다도 참석자가 편안하게 즐길 수 있고 미적으로도 아름답고 이해하기 쉽게 만들어야 한다. 공간이 복잡할수록 접근성을 높이기 위한 설계·시설물들을 설치할 필요가 있으나 오히려 이것들이 많은 혼동을 가져올 수도 있으므로 공간 설계의 목적은 분명해야 하고, 사용하지 않거나 사용할 수 없는 공간은 피해야 한다. 공간 설계 시 시각적 효과를 고려하여 밝고 힘찬 마무리가 안전감을 향상시키는 점을 상기하여 설계해야 한다.

1974년 8월 15일 서울 장충동 국립중앙극장에서 진행된 제29회 광

밝은 조명으로 범인 범행 의지 좌절 효과

복절 기념식에서 박정희 대통령이 경축사를 하던 도중 청중석에 있던 문세광이 암살 테러를 실행한 사건만 보더라도 당시 행사장 내부는 바로 옆 참석자가 잘 보이지 않을 정도로 실내조명이 어두웠던 것이 사실이다. 사건의 개요를 보면, 문세광이 첫 발을 오발하여 자신의 허벅지를 쏘고 곧 연단을 향해 달려 나가며 총을 연단에 발사하기 시작하였다. 결과론적이지만 만약 행사장 실내조명이 밝아 옆 사람이 하는 행동이 보였다면 과연 문세광이 총을 꺼낼 수 있었을까? 하는 의문이 생기고 또한 총을 꺼냈더라도 한 번쯤은 범행 의지를 재고했을 것이다.

하지만 행사 목적상 조명을 어둡게 해야 하는 경우도 있다. 이런 경우를 제외하고 이왕이면 행사장 내 조명을 밝게 하는 것이 범죄예방에 더욱 효과적일 수 있다. 아울러 밝은 시야성은 일반범죄 예방 차원에서 범인의 범행 의지 재고 효과를 가져올 수 있으나 외부에서 직시되는 시야성은 경호행사장과는 맞지 않다. 경호행사장은 외부에서 시야

적당한 곳에 위치한 표지판은 참석자에게 안전감 제공

성이 차단되고 내부에서 밝은 시야성이 확보된다면 테러 및 우발 상황 예방에 좋은 환경적 설계라고 할 수 있다. 또한 적정한 곳에 전략적으로 위치한 표지판은 참석자들에게 안전감을 제공하는데 표지판의 특성은 분명하고 일관되어야 하며 메시지를 쉽게 읽을 수 있도록 표준화해야 한다. 표지판은 크고 읽기 쉽고 인식이 가능해야 한다. 이를 위해 강한 색깔이나 표준 심벌, 간단한 그래픽 등을 사용할 수 있으며, 정확한 정보를 가지는 메시지를 전달하여야 하며, 적당한 높이에 설치해서 잘 보이도록 해야 한다. 낙서나 파손이 된 표지판은 관리가 잘 되지 않고 있다는 인상을 주어 참석자의 불안감을 일으킬 수 있으므로 주의해야 하고 야간에는 표지판 주위에 조명을 밝혀 쉽게 알아볼 수 있도록 해야 한다.

| 접근 통제적 설계를 통한 범죄 의지 좌절 |

어떤 지역에 대한 소유감이나 영역성은 종종 장소를 보다 안전하게 만드는 중요한 요소이다. 참석자들은 영역에서 벗어났다고 느끼는 지역에서 불안감을 느끼며 위험한 상황에 빠질 가능성도 많다. 따라서 올

Stanchion(스텐션)

질서 입장 유도로 참석자 확인 및 검색 철저

바른 관리가 되지 않고 누구나 쉽게 침입할 수 있는 지역은 적정한 유지 관리를 통해 경계를 명확히 해야 한다. 예를 들어 행사장 안전구역에 MD를 설치하여 영역성을 강화할 수 있다. 경호현장에서 많은 참석자들이 입장할 경우 안전사고 예방 차원에서 질서 정연한 입장을 유도하는데, 인적 요소인 경호요원들만으로는 어려운 경우가 있다. 따라서 물적 요소인 스텐션 등을 활용하여 참석자들의 입장을 자연스럽게 안내하고 본인 확인 및 검색을 철저히 하는 것도 CPTED 원리를 이용한 설계이다.

이와 더불어 현재는 코로나 상황으로 거리두기 발판을 사용하고 있는데 차후 경호행사장에서 입장 간격 두기 발판을 사용한다면 참석자들의 불쾌감을 조금이나마 줄이면서 정밀검색이 용이하기 때문에 행사장에 입장하려는 위해자 범행도구를 사전에 검색하여 범죄 실행을 좌절시킬 수 있다. 코로나 단계 조치 초기에는 식당이나 공공장소에 가면 신분증을 제시하고 수기로 출입명부를 작성하여 개인정보가 타인에게 쉽게 노출되어 개인정보 침해에 대한 우려가 있었다. 이에 보다 더 정확한 정보를 바탕으로 안전하게 개인정보를 보호하기 위해 QR코드를 활용한 전자출입명부를 활용하고 입장 시 QR코드 접촉을 강요받는데, 이렇게 하면 개개인의 신분이 정확히 노출이 되어 음식값을 안 내고 간다든지 공공질서를 잘 안 지키기 어려울 것이다. 행사장 입장 시 QR코드 접촉은 바로 이런 효과를 창출하는 것이다. 다시 말해서 위해자는 자신의 신분을 노출해야 하기에 공 들인 데 비해 얻어지는 수익이 너무 빈약하다고 인식하면 범죄행위를 단념하게 된다.

이와 더불어 경호행사장에서 경호대상자를 포함한 주요 인사들이 참석하는 중요 핵심구역에 업무와 무관한 사람들이 수시로 입장하면서 경호 업무에 방해가 되는 사례가 생겨나고 있다. 이것을 방지하는 차원에서 이동용 QR코드대를 설치하여 운영한다면, 불필요한 출입자를 자연적으로 제한하는 효과를 가져올 수 있을 것이다. 이렇듯 범죄예방적 환경설계를 통해 경호요원과 참석자, 행사 준비자 간의 불필요한 마찰과 오해를 줄일 수 있다.

QR코드 확인으로 신분 노출에 따른 범행 의지 소극화

LESSON 7

마무리 글

CPTED는 범죄예방 개념 중에서도 가장 선행이 되는 것으로 환경설계를 통하여 잠재적 범죄자들의 범행 의욕을 원천적으로 봉쇄하는 지름길이 될 수 있다. CPTED는 원천적인 범죄예방 수단으로 사용할 수 있다. 잠재적인 범죄자들의 범행을 더 어렵게 하여 국민들이 자기들의 환경 속에서 안전을 느낄 수 있도록 인위적으로 구조화한 범죄예방 전략이다.

CPTED는 인력에 의한 범죄예방 활동이 한계에 부딪치자 새로운 방안의 범죄예방 기법 요구로 시작되었다. 범죄예방 기법은 필요성을 인정받고 있으며, 특히 장비와 주변의 환경을 결합한 환경친화적인 범죄예방 시스템 구축이 무엇보다 절실히 요구되고 있다. CPTED를 너무 어렵게 생각하거나 복잡하게 생각하면 오히려 개념 이해에 어려움만 더할 가능성이 크다. 범죄예방이라는 개념은 범죄통제의 변화 과정 중에서 제시된 것으로 볼 수 있다. 첫째, 범죄가 발생하기 전에 활동하고 둘째, 범죄행위를 직접적으로 억제하는 것에 중점을 두며 셋째, 범죄자 개인뿐만 아니라 범죄가 이루어지는 환경 및 사람과 환경과의 상호작용에 중점을 둔다. 넷째, 사전에 예방하기 때문에 더욱 정의롭고 도덕적인 제도라는 점에서 범죄통제라는 개념과 차이가 있다.

CPTED가 사회의 범죄와 무질서 문제들에 대해 만병통치약과 같은 총체적인 해답은 결코 될 수 없다. 다만, 도시공간의 범죄와 공포심이라는 사회적·환경적 장애를 제거하거나 감소시키는 중요한 수단을 적절히 제공해 왔다는 것은 부정하기 어려운 사실임을 인정해야 한다.

범죄예방을 할 수 있는 것이 있다면 더 적극적으로 실행해야 한다. 범죄 없는 국가는 어렵겠지만 낮은 범죄율로 행복한 국가 건설에 일조할 수 있을 것이다. 범죄 없는 행복한 대한민국, 안전한 나라를 위해서 나는 또 열심히 내 임무에 충실할 것이다.

PART 11

2020

임인식

Mobile 010-4651-5881
Email iminsik@nate.com

학력 및 경력사항 /

- 고려대 명강사 최고위과정 15기 교육부회장
- PCA생명 인사부
- 동부화재 신채널사업부
- 흥국화재 강남GA 지점장(현)

자격 사항 /

- 명강의 명강사 1급, 인성 지도사 1급, 리더십 지도사 1급, 스피치 지도사 1급, 부모교육상담사 1급(한국상담협회)
- 기업강사자격 1급, 평생교육강사자격 1급, 노인교육강사 1급(한국교육강사연합회)

강의 분야 /

- GA 손해보험상품교육

저서 /

- 명강사 25시(공저)

LESSON 1

당연한 일상이 사라졌다

A: 역 인근 편의점 앞에서 보자.

B: 그래 알았어 거기서 보자.

A: 몇 시?

B: 7시. 그래 거기서 보자.

흔한 친구 간의 통화 내용이다. 우린 주 중, 주말 신경 쓰지 않고 가족 모임, 친구, 지인, 동료를 크게 어려움 없이 연락하고 만났다. 식사를 하든 커피를 마시든 술을 한잔하며 이야기를 하고 누군가의 뒷담화나 연애 이야기, 업무 이야기를 하였다. 서로의 의견을 주고받으며 만나왔다. 몰랐었다 '누린다'는 건 돈 많은 사람들이 "누리고 산다"라고 흔히 이야기할 때나 썼던 말이다. 그런데 우린 몰랐다. 정말 우리 모두가 누리고 있었던 당연한 것들을….

2019년 12월 뉴스에서는 미세먼지 발생, 중국 우한 호흡기 질환 발생 관련 내용들이 나오고 있었고 우린 흘려들었다. 언제나 나오는 뉴스처럼! 사스나 메르스 조류독감 같은 것인 줄 알았다. 우리 이야기가 아니라 남의 이야기인 줄 알았다. 중국에서 그러다 말겠지, 곧 끝나겠지 생각했는데 사람들이 죽어가고 도시를 막았다고 하고 이상한 뉴스가 계속 나왔다. 우리나라도 예외는 아니었다.

대구에서 무슨 일이 일어났는지 연일 보도가 이어진다. 확진된 사람이 점점 늘어난다. '설마 우리도?'란 생각이 무색하게 점점 확진자가 늘어난다. 종교집단, 들어보지 못한 그러나 누군가 아는….

당황하고 혼란스러워지기 시작했다. 미세먼지 때문에 혹은 감기에 걸려서 마스크를 써 본 적은 있지만 어느 날부터 일상적으로 마스크를 쓰라고 한다. 일상생활에서 출퇴근 시, 등하교 시 2020년 3월부터 우린 마스크를 쓰면서 생활해야 했다. 좋든 싫든 문제는 마스크를 사고 싶어도 살 수가 없었다. 마스크가 비싸졌다. 마스크를 사려면 내 생년월일 뒷자리에 맞는 날짜에 약국에 가서 줄을 서서 사야 했다. 그러나 답이 없다.

생활이 달라지기 시작했다. 편하게 약속하고 만나던 지인들과 우린 연락만 주고받게 되었다. 만나기로 약속을 했어도 내가 사는 동네에 확진자가 나오거나 반대로 만나기로 한 지인의 동네에 확진자가 나오면 다음에 보자는 이야기를 자연스럽게 하기 시작했다.

아이들이 학교를 가지 않기 시작했다. 화상으로 수업을 한다고 한다. 초등학교 1학년생들까지도. 문제는 누구나 가지고 있을 줄 알았던 PC나 태블릿 등 관련 기기를 가지고 있지 않은 사람들도 많다는 것이었다. 대학생이 된 조카아이는 학교를 가 본 적 없이 한 학기가 지나갔다고 한다.

회사생활도 문제가 생기기 시작했다. 자택에서 업무를 하라고 한다. 불편해지기 시작한다. 계절이 바뀌어 겨울에서 봄을 지나 여름이 되었다. 더워진다. 땀이 많은 사람, 땀을 덜 흘리는 사람 여러 부류가 있겠지만 난 땀이 많아 여름을 나기가 힘겹다. 더우면 가만히 있어도 땀이 이마에서 흐르는데 마스크를 끼고 생활해야 한다. 미치겠다!

어느 날부터인가 놀이터에서 노는 아이들을 볼 수 없다. 요즘 흔히 말하는 "나 땐 안 그랬는데" 항상 학교 다녀와 친구 집이나 놀이터, 공터 등에서 놀고 그랬는데 이젠 아이들이 안 보인다. 다들 어딜 간 걸까?

뉴스 기사가 나온다. 층간 소음으로 사람들이 다툰다고 한다. 심지어 사망 기사까지 난다. 그렇다 다들 집에만 있었다. 어딜 가기 그러니 집에만 있고 아이들도 마찬가지였던 거다.

친구에게서 전화가 왔다. 회사가 매출이 없으니 잠깐 쉬라고 했다는 것이다. 안경점을 하던 친구도 연락이 온다. 매출이 나오지 않아 수입금이 급감했다고 하였다. 월세도 무섭지만 더 무서운 건 직원들 급여라고… 매장을 4개 가지고 있는데 3개는 닫아야겠다고 말한다.

일자리가 줄어들고 있다. 소비가 줄어들고 만남이 줄어들고 커피를 사서 나가서 먹어야 한다. 식당에서는 자리를 한 테이블씩 띄워 앉는다. 알바생이 줄어들고 식당이 문을 닫는다. 회식이 없으니 술자리는 자연스럽게 집에서 갖게 된다. 그 많았던 택시가 사라져 간다.

나는 출퇴근 시 차를 이용한다. 어느 날부터인가 오토바이가 많아졌다. 무슨 이유인지 몰랐었다. 직원들이 점심을 배달해서 먹는다. 식사를 하기 위해 사람들은 식당을 찾질 않는다. 포장을 해서 간다.

확진자가 늘어나고 집 밖을 나가는 게 불편해진다. 누군가를 만나고 대화를 하던, 우리가 해 오던 일상적인 모든 것이 달라졌다.

LESSON 2

코로나 시대 트렌드 키워드, '언택트'

코로나19 팬데믹! 팬데믹이 뭔지 몰랐었다. 코로나19는 이제 삶의 일부가 됐다. 코로나 시대를 겪으며 이제 집은 새로운 '다기능성' 공간으로 재탄생하고 있다.

가장 많은 시간을 보내는 공간이 되어 버린 집에서 우리는 먹고, 자고, 놀고, 운동하고, 공부하고, 휴식하고, 꾸미는 모든 활동을 하기 시작한 것이다. 그리고 놀랍게도 불가능해 보였던 이 모든 과정들이 거의 다 해결되고 있는 신세계를 경험하는 중이다. 그렇다면 우리들의 생활은 어떻게 바뀌고 우리는 어떻게 대응해야 하는가? 코로나19 사태 이후 가장 많이 언급된 단어는 '언택트untact'일 것이다.

언택트는 『트렌드 코리아 2018』에서 서울대 소비트렌드분석센터가 처음 명명한 단어라고 한다. 이젠 일상 용어로 자리 잡을 만큼 폭발적인 관심을 받고 있다. 초기에는 콩글리시(한국식 영어)라는 비판도 일부 있었지만 세계적인 경제정보지 〈블룸버그〉나 프랑스의 유력 언론 〈르몽드〉에서도 사용하는 용어가 됐다.

지난 몇 년간 잔잔하게 유행하던 트렌드들이 금년에 유독 선명하게 다시 두드러졌다. 반면, 코로나19 이후 새로 등장한 트렌드 중에서 『트렌드 코리아』 시리즈가 언급하지 못했던 깜짝 놀랄 만큼 새로운 키워드는 거의 없었다. 이러한 사실이 의미하는 바는 무엇일까? 코로나19와 관련된 소비트렌드 변화를 보다가 중요한 사실을 깨닫게 됐다. "코로나 사태로 바뀌는 것은 트렌드의 방향이 아니라 속도다."

첫째, 우리는 사회적 동물이다. 대면성이 얼마나 높으냐가 중요하다. 대면성이 필수적일수록 코로나 사태의 영향을 강하고 직접적으로 받기 때문이다.

둘째, 어떻게 바뀌느냐인 것 같다. 다시 말하면 마트에서 사던 생수는 인터넷쇼핑으로 대체할 수 있다. 예전엔 현장에서 구매하던 것을 이젠 인터넷, 홈쇼핑에서 구매할 수 있기 때문이다. 반면, 술집이 문을 닫으면 집 앞 편의점에서 술을 사 들고 집에 들어와 마실 수는 있지만 '홈술'이 친구들과의 건배나, 연인 간의 밀어를 대신할 수는 없다. 음식점이 다시 문을 연다는 뉴스가 나오면 저녁 약속을 잡는 사람이 늘어날 것이다. 대체가 완전하지 않은 경우다. 이런 경우는 회복력이 빠를 것이다.

셋째, 기존에 진행되던 트렌드와 얼마나 부합하느냐다. 언택트 혹은 집 관련 소비는 이전부터 상승기류를 타던 업종이었다. 그러나 이번에 코로나19로 더 가속화됐다. 옷을 사야 해도 인터넷 아니면 홈쇼핑에서 구매가 가능하다. 홈트족이 늘어나고 넷플렉스 등 OTT 플랫폼을 활용해서 집에서 내가 보고 싶은 것을 볼 수 있다. TV 크기에 관심을 갖고 더 큰 제품으로 바꾸는 등 집에 오래 머무르다 보니 실내 인테리어의 소비가 변하고 있다.

이런 업종은 코로나 사태 이후에도 계속 성장할 확률이 높다. 하지만 트렌드와 무관하게 코로나로 '반짝 특수'를 누렸다면, 사태 이후에는 제자리를 찾아갈 것이다.

분명 2021년 11월부터 변화가 일어나고 있다. 4인 이상의 식사 규제가 풀리고, 10시 이후의 술자리 규제가 풀리면서 호황을 누리던 배달 관련 업종의 일자리가 남고, 대신 식당의 일자리는 구하기 어려워지고 야간시간 택시 잡기도 힘들어졌다. '반짝 특수'를 누리던 업종이 줄어가고, 다시 모든 게 제자리를 찾아가는 것 같았다. 하지만 이 글을 정리하는 2021년 12월 2일 어제 자 확진자가 5,000명을 넘어서며 사상 최악의 상황이라는 뉴스가 나왔다.

LESSON 3

위드 코로나 시대, 나부터 변해야 한다

얼마 전 인터넷에 뜬 기사를 보았다. 현 시국에 업종별 회복의 양상을 살펴보면 빠른 회복을 보이는 'V형', 상대적으로 느리고 완만한 회복을 보이는 'U형', 사회적 거리두기 단계에 직접 영향을 받으며 등락을 거듭하는 'W형', 이미 상승 트렌드를 타고 있었는데 코로나 사태로 가속화되는 'S형', 코로나로 일시적 특수를 보이는 'V형'의 다섯 유형으로 나뉜다고 한다.

이 모든 것이 백신만 출시되면 나아질 것이라고 믿었다. 우리는 예전처럼 돌아갈 수 있을 것이라고, 마스크를 쓰지 않고 소독제 없이 살아 갈 것이라고 말이다. 그러나 상상을 초월한 바이러스는 강력한 전염력으로 사람들의 관계, 경제까지 마비시키며 전 세계에 머무르고 있다. 우리가 알고 있는 감염병 중에 박쥐로부터 옮겨 왔다고 알려진 코로나 바이러스도 다른 바이러스처럼 짧은 시간 내 소멸될 것으로 알고 있었다. 백신이 나오면 끝이라고 믿었지만 전 세계로 퍼지며 더 강력하게 전이되고 있다.

백신이 희망이라고 믿었다. 언제 나올지 모르지만 백신만 출시된다면 코로나를 극복하고 다시 아무 일 없던 것처럼 원래 우리의 일상으로 복귀할 수 있을 것이라고 우린 믿고 있었다. 하지만 2020년 말 처음 백신이 등장한 후, 전 세계 인구의 백신 접종률이 높아지고 있음에도 코로나19는 우리와 함께 있다. 우리는 코로나19와 함께 가야 한다. 우리는 결국 코로나19에게 지고 '포스트 코로나'를 기대했지만 '위드 코로나'로 지내는 것으로 결론 내려진다.

코로나19에서 영국발 알파, 남아공 베타, 브라질 감마, 인도 델타 변이 바이러스까지 이름도 참 어려운데 이젠 오미크론까지 발생했다. 사망률은 낮지만 전염율은 높은….

아직 청소년들의 백신 접종률은 낮다. 학교를 등교하는 것이 아니라 줌으로 수업을 한다. 친구를 만나는 것이 아니라 문자나 카카오톡을 이용해 연락을 주고받는다. 우린 이야기한다. 우리가 현재 쓰고 있는 것은 후대에서 빌려 쓰고 있는 것이라고… 그래서 잘 쓰고 돌려주어야 한다고 말이다.

그러나 우린 잘 쓰고 돌려줄 수 있을까? 잘 쓰고 있는 걸까? 지구 환경이 변화하고 있고, 우리가 전에 알지 못했던 바이러스 또한 출몰하고 있다.

이젠 누구 탓을 할 것이 아니라 우리가 스스로 변화해야 할 것 같다. 나부터 하나씩 말이다.

PART 12

삶의 모퉁이에서 삶의 의미를 알 때!

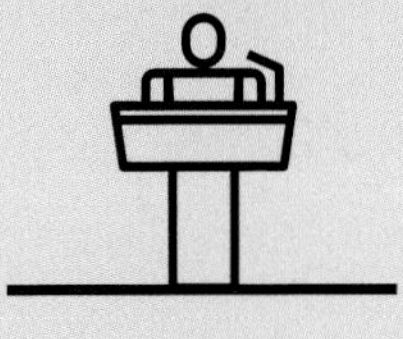

최애정

Mobile 010-7689-0566
Email ajchoi5641@naver.com

학력 및 경력사항 /

- 고려대 명강사 최고위과정 15기 공저위원장
- 영남대학교 경영학 전공
- 영남신학대학교 기독교 교육학 전공
- 명원다례원 원장(전)
- 대구보건대학교 평생교육원 다도 강사(전)
- 대구보건대학교 체육학과 다도 강사(전)
- 부광어린이집 다도 강사(전)
- 무지개 도서관 다도 강(현)
- 호산나 수양관 원장(현)

강의 분야 /

- 명원다례(궁중다례)
- 어린이 다례
- 청소년 예절

자격 사항 /

- 명강의 명강사 1급, 인성지도사 1급, 리더십 지도사 1급(한국상담협회)
- 평생교육강사자격 1급, 기업강사자격 1급(한국교육강사연합회)
- 명원다례 다인교수
- 한양대학교 프랜차이즈 CEO과정 수료
- 노인강사1급
- 요양보호사

수상 경력 /

- 문화부장관상(지도수상)
- 국회의장상(지도수상)
- 하동군수(지도수상)
- 대구경영자협회

저서 /

- 명강사 25시(공저)
- 차와 다이어트

LESSON 1

함께 살아간다는 것의 의미를 배우다

| 숲속 호산나 나의 집 |

청도군 운문면 마일리 숲속에 있는 호산나 수양관은 나의 집이다. 이곳에는 이웃집이 없다. 수양관의 아침 해가 떠오르기 시작하면 마당 끝 모퉁이에 살고 있는 강아지 메리가 짖으면서 나를 부른다. 잠자고 있는 나를 깨우기 위해 "컹컹" 짖는다. 난 수십 번 나 자신에게 물어보고 기도로 아침 기지개를 켜며 하루 속으로 들어간다…. 잘하고 있니! 잘 살아 가고 있는 거지. 혼잣말로 스스로에게 물어본다.

새벽하늘에 장마 빛이 멈추고 나니 하늘이 푸르고 맑다. 가을이 오나 보다.

메리에게 먹을 것을 가지고 다가가면 뒹굴고 꼬리치고 이리 뛰고 저리 뛴다. 좋아서 춤추며 이 광경을 지켜보는 숲속의 나뭇가지 잎들도

자짝자짝 박수 치고 춤을 춘다. 그때 나도 폴짝폴짝 뛰면서 말한다. 이 숲속의 나의 친구들아 반갑다.

메리가 호산나에 찾아오기 전에는 강아지 짱이가 있었다. 짱이는 다섯 마리의 강아지를 낳고 죽었다. 다섯 마리 강아지는 어미 개가 죽자 일주일 정도 살다가 따라 죽었다. 새끼 강아지들을 양지바른 곳에 묻어주었다.

경희 어머니께 짱이가 없어져서 호산나 수양관이 허전하니 강아지를 분양하자고 말씀드렸다. 그러자 어미와 강아지들의 죽음을 보니 눈물이 나와 이제는 강아지를 키우지 말자고 하셨다.

어느 날 강아지 한 마리가 호산나 수양관에 찾아온 것이다. 길 잃고 돌아다녔는지 무척 지쳐 있었다. 가엾어서 먹을 것을 주었다. 강아지 머리를 쓰다듬어주어도 도망가지 않고 꼬리를 흔들었다. 사나운 개는 아니었다. 다른 곳으로 가지 않았다. 마음이 동요되어 계속 사랑해 주니까 돌아가지 않았다. 그래서 그 강아지는 이곳에 정착한 후 지금까지 살고 있다.

이곳에 함께 사는 다섯 분의 어머니들이 영천 시내 시장에서 배추 모종을 사 오셔서 밭에 심었다. 일주일 지나니 배추는 무럭무럭 자랐다. 배추가 크게 자라 잎들이 늘어져서 짚으로 묶었다. 다섯 분 중에 경희 어머니는 그날 이후 몸이 많이 나빠지셔서 부산에 있는 병원에 다니고 계셨다. 그들의 노고가 담긴 이 배추는 다가오는 겨울 김장김치를 할 배추였다.

| 숲속의 나를 사랑한다 |

세상을 다스리는 하나님께 감사드립니다.

숲속의 나무들아!

밭에 있는 상추 배추야!

함께 호흡하는 공기야!

너무 반갑다.

하루를 만난 나에게 가슴에 손을 얹고 너를 사랑하고 축복하노라!

피조물인 너희가 있어 나는 존재하고 네 아버지 네 엄마와 네 자녀가 있는 세상이 아름답고 감사하구나!

내 나라 내 조국이 평탄하고 이 나라에서 살아가는 자녀들이 평안하고 나의 후손들이 살아가야 될 세상이 아름다워지길 소망하며 날마다 새벽 성전에서 기도한다.

| 팬데믹(pandemic)에 돌아보는 나의 삶 |

이 땅의 코로나로 고통받는 자들에게 위로와 그들 삶의 안위를 위해 기도해야 한다. 많은 사람들이 살아 있는 것에 감사하며, 이 땅에서 함께 살아가면서 본 적 없는 그들을 위하여 기도한다. 이 땅의 가족인 그들을 사랑한다. 그리고 이 숲속에 파릇파릇하게 싹이 돋아나는 모든 피조물을 사랑한다.

코로나로 호산나 수양관에는 타인의 발자취가 희미해졌다. 그로 인해 나는 세상을 다시 보게 되었고, 나 자신을 점검할 수 있는 시간을 가지게 되었다.

삶이란 무엇인가 되돌아보았을 때 풍성한 열매를 좇아 결실을 맺는 것이 중요하지 않다는 것을 알았다. 생명의 소중함을 더 알게 되었고 무엇보다도 살아 있다는 것에 감사하기 시작했다. 시간이 나에게 가르쳐 준 것은 인내였고, 인내 속에서 아픔과 용서와 관용과 배려, 사랑하는 마음과 아주 작은 것에 감사하는 마음이었다. 이 모든 것들이 사랑으로 함께 간다는 것을 시간 속에서 느끼게 되었다.

팬데믹pandemic으로 인해 가족과 가족의 관계, 친구와 친구의 관계, 사업 파트너와 사업 파트너의 관계, 지인과 지인의 관계, 학우와 학우의 관계, 성도와 성도의 관계, 오너와 직원의 관계, 이 모든 것들에서 더 깊은 상생 관계의 중요성을 새롭게 배우게 되었다.

| 다섯 동생의 처녀 엄마 |

스무 살 아가씨 때 양부모님을 하늘나라로 보내시고 부모님이 살았던 집을 떠나서 본인이 다니고 있는 교회 사택으로 이사를 했다고 한다. 스무 살 나이에 다섯 명의 동생들이 있었기에 동생들의 부모 역할을 하게 되었다. 각각 네 살, 일곱 살, 아홉 살, 열두 살, 열여섯 살이었다. 스무 살에 처녀 몸으로 엄마의 역할을 하며 동생들을 양육하며 살아가야 할 삶의 무게가 얼마나 크고 무거웠을까. 그 험난한 삶을 극복했을까! 지금 나는 그의 삶을 존경한다.

경희 어머니의 남편이 세상을 떠났다. 화장터에서 54년 전 네 살이었던 여동생 막내를 만났는데 어린 시절의 이야기를 해 주었다.

그녀가 언어를 배울 때부터 큰언니를 엄마처럼 따르고 자랐다. 초등학교에 입학하고 친구들하고 어울려 놀았다. 친구들은 언니를 엄마라고 불렀다고 한다. 초등학교 2학년 때 반 친구가 "너는 왜 엄마를 큰언니라고 부르니? 너는 엄마가 없니?" 무슨 뜻인지 몰라 집으로 돌아와 언니에게 "언니! 나 언니라고 부르지 않고, 엄마라고 부르면 안돼?"라고 했다가 혼이 났다고 한다. 그날 이후 언니가 엄마가 되지 않는다는 것을 알았다고 한다. 엄마가 보고 싶은 마음에 늘 허전하였고 많이 울기도 하였다. 마음에 큰 충격을 받았고 큰 상처를 받았다고 하였다. 그 후로 어렵고 부모가 없는 학생들을 잘 돌보고 마음을 알아주는 초등학교 선생이 될 거라고 마음을 먹었다고 하였다. 지금은 학생들을 가르치는 선생님이 되었다고 하였다.

스무 살의 경희 어머니는 어린 아가씨로 엄마 역할을 하며 다섯 동생들을 다 공부시키고 시집 장가를 보냈다고 하셨다. 억척스럽고도 자랑스럽다. 살아 걸어온 삶을 보았을 때 고개가 숙여진다. 존경한다고 말씀 드리고 싶다.

LESSON 2

호산나 수양관, 삶의 길을 비추다

| 호산나 수양관 만남 |

경희 어머니는 호산나 수양관의 주인이다. 나이 78세 미소 짓는 얼굴에 살아온 삶의 여정이 숨어 있다. 나는 교회 부목사님께 호산나 수양관을 소개받았다. 소개받고 바로 찾아가지 못했다. 전화로 경희 어머니의 안부만 묻고 살았다. 수술한 부분에 통증이 재발해 아프시다는 소식을 듣고 고생하신다고 하시어 호산나 수양관을 찾게 되었다. 호산나 수양관 잔디 위에 있는 벤치에 앉아 계셨고 열무를 손질하고 계셨다.

코로나로 신천지가 사회에서 지탄의 대상이 되었고 기독교는 사회적으로 물의를 일으키는 종교가 되었다. 그러면서 코로나 사회에서 만남을 자제시키는 방향으로 자유를 억압당하는 시간 속에 살아가게 되었다. 호산나의 위기가 찾아오게 되었다. 경희 어머니는 날로 체력이 떨어졌다.

그러던 어느 날 한 분의 여사님을 경희 어머니로부터 소개받아서 만나게 되었다. 그분은 손덕순 어머니였다. 호산나 수양관을 함께 섬기자고 내게 먼저 이야기하셨다. 이분은 전에 부동산 일을 하셨는데 71세의 나이로 그만두셨다고 한다. 그 후 지금은 호산나 수양관에서 나와 함께 일하고 있다. 온화한 성품이며 부지런한 분이시다. 남편을 하늘나라에 보내시고 시부모님 두 분을 모시고 아들 세 명을 혼자서 키우셨다. 성품은 인자하시고 배려심이 깊었다. 나도 이분의 성품을 닮았으면 좋겠다는 생각을 늘 해 보고 있다.

| 호산나 수양관의 비전 |

사회의 구성원으로 살아가면서 하시는 일 위에 하나님의 은혜와 성령님의 충만한 역사로 수많은 영혼을 구령하십니다. 하나님 말씀 사역에 올바른 가치관과 하나님 앞에 선한 청지기로 세우셨습니다. 영적 변화와 각성을 통하여 자신, 가족, 교회, 사회의 공동체를 변화시키고 하나님께 영광을 돌리길 소망합니다.

| 호산나 수양과 문화 캠프 학교 |

어성경 학교, 찬양 Worship, 차와 예절茶道, 언어예절, 미술치료, 음악치료, 개인 단체 기관에서 연수 또는 수련회를 할 수 있다.

육체적으로 지쳐서 마음을 비우고 자연을 담아서 살아보고 싶은 분들은 단기간 정착이 가능하다. 기도 생활을 원하시는 분은 기도에 전념할 수 있다. 가족 단위로 텃밭을 가꾸면서 자연 휴양을 할 수 있다. 자연과 더불어 혼자만의 휴식을 할 수 있다.

| 호산나 수양관의 숲속의 빛 |

우거진 숲속을 보면서 세 분의 어머니와 함께 산책길을 걸어본다. 숲의 세계는 신비로움으로 가득 차 있다. 참나무에서 굴밤이 한 톨씩 떨어진다. 바닷속이 신비의 세계라면 숲의 세계는 경이롭다. 너와 나 우리들 삶의 모습이 담겨 있다. 계절이 바뀌어 가면 그때마다 숲은 아름다움과 신비로움을 선물로 선사한다. 다양한 색을 연출하는 나뭇잎들 대지 위에 붙어 뿌리내리어 낮은 키로 드러내고 있다. 야생화들은 늦가을이 되면 자신의 뿌리를 감싸기 위해 땅속에 있는 생명의 뿌리를 지키고 있다. 나뭇잎들은 피조물로서 자기 고유의 빛을 찾아서 살아가고 있듯이 우리네 인간들은 어떤 빛으로 살아가는지 묻고 싶다. 빛은 지구에 존재하며 모든 생물에게 필요하며 인간도 그 빛으로 생명을 연장하며 건강하게 살아간다.

태양빛 중에 가시광선의 파장 중 일부가 물질에 닿아서 반사되어 빛깔로 보는 것이 색깔이다.

우리들은 삶 속에서 어떤 빛의 소유자인가요? 우리 스스로가 어떤 빛의 소유자로 살아가고 상대에게 거울이 되어 비추어 주는지 알아가

보고 싶다. 걸어온 삶의 여정의 빛들을 만들어 보셨으면 한다. 스스로 점검해 볼 필요가 있다.

피조물들은 무언의 언어로 대화하고 표현을 하고 소리 없이 자기를 드러내며 자기가 맡은 책임을 다한다. 우리는 언어로 소통하며 세상을 변화시키고 사람을 다스리고 저마다 책임과 의무를 갖고 살아가고 있다. 사람에게 소통하는 언어가 있듯이 또 사람이 갖고 있는 빛의 세계도 있다는 것이다. 사람은 이러한 빛을 갖고 살아간다. 화려한 빛, 해맑은 빛, 어두운 빛, 따스한 빛, 음란의 빛, 흉악의 빛, 배려와 겸손의 빛, 욕심의 빛, 욕망의 빛, 선한 빛 등 다양한 빛을 비추며 살아간다. 서로에게 빛을 비추어 가면서 우리는 더불어 살아가고 있다. 당신에게는 어떤 빛이 나오는지 생각해 보았는가. 어떤 빛으로 상대를 비추어 가며 살아가는지 점검해 보는 삶의 길이 되었으면 한다.

LESSON 3

다도, 나의 길이 되다

| 세 명의 자녀와 이산가족이 되다 |

여리고 선한 성품을 가진 남편은 1994년도 큰형의 신용보증 거절하지 못해 3억 4천만 원의 보증을 섰다. 6개월이 지나서 큰형의 부도로 남편이 보증 선 것에 대한 모든 책임을 져야 되는 상황이었다. 우리 가족은 살고 있는 아파트를 팔고 매달 월세를 주는 집으로 이사를 했다. 아이들 셋을 키우면서 빚을 갚기는 힘들었다. 전기요금이 연체되고 보일러 기름을 넣고 살 수 있는 형편이 안 되었다.

아이들에게 포항 바닷가에 있는 외갓집에 내려가 3년만 살라고 이야기했었다. 아이들은 처음에는 싫다고 했었다. 하지만 아이들을 설득하여 그렇게 하기로 했다. 엄마가 약속을 지키겠다고 3년이 되면 함께 살자고 했다. 엄마 아빠가 데리러 가겠다고 약속을 했었다. 친정에 데

려다 놓은 아이들은 매일 전화로 울먹이고 엄마를 찾았다. 대구와 포항을 이틀 걸러 하루 오가며 아이들을 보았다. 아이들을 만나고 나서 집에 오는 길에 한없이 눈물만 났다. 마음이 찢어지며 통증이 왔다. 아이들을 만나러 갈 때는 천 리를 가는 것 같고 집에 올 때는 왜 이렇게 빠른지. 하루하루 삶이 지치고 힘들었지만 3년이 지나간 후 우리 가족은 한 지붕 아래 살게 되었다. 우리 아이들과의 약속을 지켰다. 지금은 대구에서 포항 가는 고속도로 길이 나서 교통편이 아주 좋아졌다. 지금은 1시간 소요되는 거리가 되었다. 그 당시에는 3~4시간이 걸렸었다.

| 다도를 만나다 |

1999년도에 생활도자기 공방을 오픈하게 되었다. 도자기 중에 고려청자에 관심을 갖게 되었다. 경주시 민속촌에 있는 외갓집 외삼촌께서는 고려청자를 빚으시고 굽고 하신다. 난 맑고 고운 고려청자의 아름다움에 반해서 고려청자와 다완에 관심을 갖게 되었다. 일본 다도茶道에 눈을 뜨게 되었고 다완 공부를 하다가 우리나라 궁중다례인 명원다례茶禮에 관심을 갖고 대구에서 서울까지 기차를 타고 다례를 배우러 다녔다.

| 차의 역사 |

다경(茶經)을 통하여 차의 유래를 알 수 있다. 당나라 육우는 다경을 통하여 차는 신농씨로부터 유래되었다고 한다. 신농은 성이 강姜 씨이고 중국 삼황 중의 한 황제로 백성들에게 농사 짓는 법, 음식을 만들 때 불을 사용하여 익혀 먹는 방법을 알려주었다고 한다. 수백 종의 풀과 나무를 직접 먹어보고 독초에 중독되었을 때는 찻잎을 씹어 해독을 하였다고 한다. 신농씨는 찻잎에 탁월한 해독 효능이 있음을 발견했다. 신농씨는 백성들에게 찻잎을 약용, 식용으로 쓰도록 널리 알렸다.

차의 기원은 농경사회의 발달과 함께였다. 신농씨는 불의 사용법을 알려주어 불의 임금이라고 불렸다. 우리나라는 고조선 시대부터 차를 마셨다. 조선 말 초의선사의 『동다송東茶頌』에는 삼국 시대 이전 고조선 시대부터 차를 마셨다는 기록이 있다.

『삼국유사』에 기록된 가락국기에 보면 수로 왕비 허왕옥에 관한 이야기에 녹차의 전래에 대한 이야기가 있다. 아유타국 공주가 김수로왕에게 시집을 올 때인 서기 48년경에 다양하고 진귀한 혼인 예물을 갖고 왔는데 그 중에 차의 씨가 있었다고 한다.

| 다례의 기본정신 |

명원다례의 기본정신을 한국다인의 기본정신으로 배울 수 있었다. 청정清淨, 검덕儉德, 중화中和, 예경禮敬으로 4가지 정신을 갖추어야 한다고 했다.

첫째, 청정은 허례 허욕과 지나친 명예 의식으로는 모든 언행에 옳은 결과가 나타날 수 없으므로, 건전하고 천연한 자세로 돌아가야 한다고 하였다. 차는 정신을 맑게 하는 기본적인 작용이 있어 차를 마시면 우리 민족의 정신이 모두 맑아진다고 하였다.

둘째, 검덕으로 세간의 부귀영화나 생각하는 사람은 차의 참다운 의미를 맛볼 수 없다고 하였다. 자신의 수양이 바로 차 맛을 알아가는 과정이며 검덕지인儉德之人만이 차를 즐길 수 있는 것이라 하였다.

셋째, 중화로 명원 선생은 노자의 가르침을 근거로 우리의 자연은 춘기로 되는데 음양의 중화된 기운이 차茶라고 하였다. 춘기는 자연의 기운만이 아니라 인간의 심리에도, 인간과 인간의 관계에도 있다고 보며, 이것들이 조화를 이룰 때 천지에서 감로수를 내린다고 하였다. 감로란 원만히 중화된 상태를 말하며, 차의 맛은 중화가 되면 가장 원만한 상태, 최상의 상태가 된다고 하였다.

넷째, 예경이다. 우리 사상은 인을 중심으로 한 홍익인간의 사상이고 인내천 사상이다. 인仁은 예의 기본 사상이니, 마음에 깃들여져 있는 다례가 되어야 한다고 하였다. 인의 정신을 실천하는 것이 다례이니 바른 마음가짐을 갖춘 예절을 실행하여야 한다고 하였다.

| 다례 예절 교육의 효과 |

다례 교육을 통해 올바른 행동 습관을 기를 수 있다. 다례는 상대에게 예의로 절을 하면서 기본자세를 배우고 올바른 행동을 자연스럽게 습관적으로 익히게 된다. 참을성과 인내, 기다림, 배려를 자연스럽게 배울 수 있도록 한다. 차를 우리는 실기를 통해 주의력, 집중력, 참을성을 배울 수 있다. 자신의 감정을 다스리는 방법을 배우고 자신감을 가질 수 있다. 다례를 통하여 장유유서長幼有序를 배운다. 차 우리기 행다법으로 질서와 인내를 배운다. 자기 자신의 자기개발로 정신 내면을 단단하게 다질 수 있다. 치인지도治人之道는 막급어례莫急於禮니, 사람을 다스리는 길은 예보다 더 급한 것이 없다.

대체로 사람을 다스리는 방법으로 예禮보다 더 절실한 것은 없다. 즉 정치의 첫째 요건은 예를 규범으로 하는 덕치德治를 해야 한다는 말이다. 예치주의禮治主義를 말한 것이다.(『예기禮記』 중에서)

오불가장敖不可長이며 욕불가종欲不可從이다. 오만한 마음을 자라게 하지 말며, 욕심을 방종하게 해서는 안 된다. 오만한 태도, 교만한 마음이 싹트고 자라게 내버려 두어서는 안 된다. 스스로의 몸가짐과 마음가짐을 적절히 억제하지 않으면, 오만함이 늘어나서 마침내는 그 몸과 마음을 그르치고 말 것이다.(『예기禮記』 중에서)

『예기禮記』는 『의례儀禮』, 『주례周禮』와 함께 삼례三禮로 일컬어지며 예학禮學의 기본서이다.

| 생활 다례의 다구 종류 |

다관茶罐은 녹차 잎을 넣고 찻물을 부어 차를 우려내는 찻주전자이다. 숙우는 탕관에서 끓인 물을 적당한 온도의 물로 조정하기 위하여 사용하는 식힘 사발이다. 탕관은 차를 끓이는 물을 데우는 도구로 도자기 주전자, 무쇠, 유리 등이 있다.

차호는 잎 차, 가루차, 떡 차 같은 차를 담아 보관해 두는 곳으로 다호라고 한다. 차시는 잎 차나 가루차를 떠내는 숟가락 형태의 도구이다. 차칙茶則은 다관에 차를 넣을 때 쓰는 도구 또는 차 뜨개라고 한다.

찻잔은 우려낸 잎 차를 따라 마시는 잔이다. 찻잔 받침은 찻잔을 받치는 받침대 또는 잔탁이라 한다.

뚜껑 받침은 다관이나 차호의 뚜껑을 놓는 받침대 또는 개대자라고 한다. 차 거름망은 잎 차를 따를 때 다관에 있는 차 찌꺼기가 따라 나오는 것을 거르는 도구이다. 차 긁게는 다관에 잎 차를 우리고 남은 차 찌꺼기를 긁어내는 도구이다. 퇴수기는 버림 그릇으로 데운 물을 버리는 곳이며 차수건茶巾은 면으로 만든 작은 수건 혹은 마른 행주이다. 다포茶布는 잎 차를 낼 때 찻상이나 다판 위에 까는 수건 형태의 천이다. 찻상보茶床褓는 찻상을 덮는 보자기이다. 찻사발鉢은 가루차를 마실 때 쓰는 도자기 그릇으로 다완茶碗이라고도 한다. 차선茶旋은 찻사발에 가루차를 넣고 더운물을 부어 차와 물이 잘 섞이게 휘저어 거품을 내게 하는 도구이다. 차선꽂이는 차선을 꽂아 두는 기구이다.

| 일인 다기 차 우리기 방법 |

눈을 감고 공수 자세로 명상을 한다. 자기 자신에게 예우를 한다. 찻상보를 갖고 와서 반으로 접는다. 1) 오른손으로 다건을 잡아 왼손에 넘긴다. 2) 오른손으로 탕수 주전자를 갖고 온다. 3) 숙우에 찻물을 따른다. 4) 일인 다기 잔은 왼쪽 손바닥 위에 놓고 오른손으로 뚜껑을 연다. 5) 양손으로 차호를 갖고 온다. 6) 차시로 일인 다기 잔에 차를 넣는다. 7) 숙우의 물을 일인 다기 잔에 붓는다. 8) 오른손으로 일인 다기 잔의 뚜껑을 닫는다. 공수 자세로 눈을 감고 손님(나) 맞을 준비로 명상을 한다. 9) 양손으로 뚜껑을 연다. 10) 일인 다기 거름망을 태극문양(~)으로 돌리면서 뚜껑 위에 얹는다. "차를 드십시오."라고 한다. 11) 양손으로 일인 다기 잔을 갖고 와 차를 마신다.

차란 가정에서, 학교에서, 직장에서 함께 나누며 마시면서 서로 대화로 좋은 관계를 만들 수 있다. 좋은 차를 골라 마시면 정신적으로 육체적으로 건강해지는 자신의 모습을 발견할 수 있다. 고유의 색色 향香 미味로 차의 매력을 느낄 수 있다. 코로나19로 단절되어 있는 만남도 차를 통해서 가질 수 있다. 차를 마시면 정신이 맑아지고 향기로운 사람으로 변신할 수 있다고 생각한다.

가족 간 동료 간 이웃 간에 단절되어 있는 시대에 소통할 수 있는 계기가 된다고 본다. 좋은 차를 통해 맑은 생각, 좋은 생각이 나오고 좋은 만남을 가질 수 있게 된다. 좋은 차로 좋은 인연을 만날 수 있으며 행복한 사회를 만들 수 있다.

| 우리나라 엽전 모양의 차 만들기 |

우리나라의 가루차 역사를 살펴보면, 녹차 잎을 맷돌로 분쇄하여 가루를 내어 엽전 모양으로 만들어 실로 꿰어 말려놓고 가정에서나 여행할 때, 몸이 아플 때 상비약으로 사용하였다. 일본에서는 옛날부터 그렇게 마셨다. 고도의 현대 기술로 가루차가 만들어졌고 미세하게 분말을 내어 저어서 마실 수 있으며 약으로서의 효과도 인정받고 있다.

PART 13

왁싱&태닝으로 뷰티 산업을 이끌다

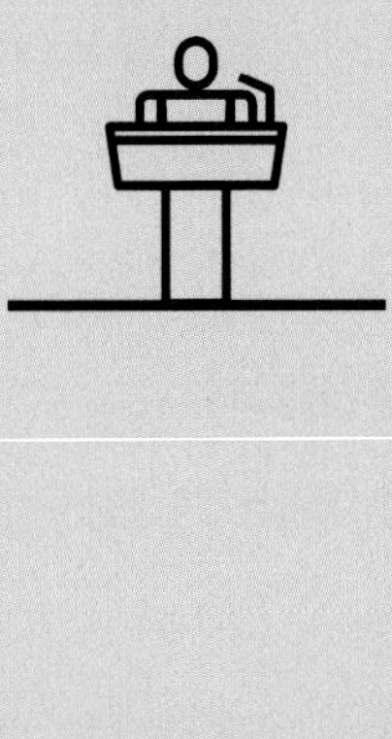

허유리

Mobile 010-3656-2670
Email gjdbfl1267@naver.com

학력 및 경력사항 /
- 고려대 명강사 최고위과정 15기 재무위원장
- 왁싱회사 근무
- 그날,왁싱&탠 원장(현)

강의 분야 /
- 왁싱관리 방법 /태닝 관리 방법
- 뷰티상담
- 건강하게 예뻐지는 방법
- 나에게 맞는 화장품 사용방법(기초케어)

자격 사항 /
- 국가 피부미용
- 국가 네일아트
- 홀리데이 왁싱 스페셜리스트
- 라이콘 왁싱 스페셜리스트 /아이브로 마스터
- 명강의 명강사 1급, 인성 지도사 1급(한국상담협회)
- 평생교육강사자격 1급(한국교육강사연합회)
- KOWA한국왁싱협회 왁싱전문 코디네이터 2급, 1급
- 맞춤형 화장품 상담 전문가 2급

수상 경력 /
- 대한민국 뷰티작품 조직위원회 왁싱 공모전 대상

저서 /
- 명강사 25시(공저)

LESSON 1

창업을 꿈꾸다

세상의 많은 정보들을 유튜브를 통해 얻는 시대가 되었다. 작금의 상황은 1인 1방송국을 가진 시대라 해도 과언이 아니다. 들어오는 정보, 송출할 정보 등 정보의 홍수 속에서 우리는 살아가고 있다. 20대부터 나는 유튜브 크리에이터로 일을 했다. 촬영하고 편집해서 하는 방송 일은 결코 녹록지 않은 창작 활동이었다. 그렇게 지쳐서 퇴근하던 어느 날 우연히 왁싱, 태닝 숍에 들르게 되었다. 왁싱을 하고 예뻐진 내 모습을 보면 기분이 좋아졌다. 깔끔하게 변한 모습을 보면서 일의 능률도 더 오르는 것 같고 자신감이 생기는 듯했다. 나는 나를 가꾸고 상대를 가꿔주는 일에 관심이 많은 성격이다. 내가 좋아하는 것을 직업으로 한다면 더 행복하겠네….

직장생활을 하면서 적금을 하고 저축을 했다. 이렇게 살다가는 평범한 삶을 벗어나기 힘들 텐데… 늘 의문을 갖게 되었다. 다른 방법이 있을까를 고민했고 문득 창업에 대한 호기심을 갖게 되었다. 우리나라에서 젊은이가 부자가 된 경우 창업 부자보다 상속 부자가 더 많다. 부모로부터 상속이나 가업 상속으로 부를 유지하는 것이 창업을 해서 부를 얻는 경우보다 많다는 것이다. 상대적으로 미국과 같은 선진국에서는 청년기에 창업을 많이 한다. 우리나라보다 청년 창업이 더 많은 이유는 어릴 때부터 받는 가정교육과 교육환경의 차이 때문이다. 특히 유대인의 경제교육은 남달라서 13세 성인식을 치를 때부터 이미 부자의 출발점에 있다고 해도 과언이 아니다. 어릴 때부터 했던 저축과 성인식을 통해 얻은 돈은 한화로 5,000만 원 이상이다. 이 자금을 펀드로 운영하면서 자기 삶을 준비하게 하는 것도 교육환경과 그들의 문화다. 철저히 초등학교에서부터 경제교육을 하고 취업보다는 창업을 꿈꾸게 한다.

facebook
WASTING PEOPLES LIVES SINCE 2004

페이스북의 창시자 마크 저커버그는 중학교 2학년 때 프로그래밍을 시작했다. 그리고 대학교 2학년 때 페이스매시facemash라는 SNS를 시작했다. 지구촌을 넘어서 세상과 소통하는 것은 강력한 사회적 자본이 되었고 이후에 더 페이스북을 거쳐서 지금의 페이스북이 되었다. 전 세계인이 사이버상의 공간이라는 책에서 얼굴을 보게 된 것이다.

그보다는 늦은 창업이지만 넷플릭스의 창업자인 마크 랜돌프 또한 밥상머리 교육에서 늘 "너의 세계를 만드는 네 일을 해라."라는 가르침을 들으며 살았다. 세계 최대의 인터넷 영상 서비스OTT 기업은 넷플릭스다. 넷플릭스 창업자 마크 랜돌프와 리드 헤이스팅스는 1990년대 비디오테이프와 DVD를 빌려서 보던 시절에서 넷플릭스 창업에 대한 아이디어를 떠올렸다. 영화가 너무 재미있어서 차를 타고 20~30분씩 걸려서도 마다하지 않고 빌리러 가는 모습을 보면서 영화를 배달할 수 없을까를 고민했다. 넷플릭스는 내가 보고 싶은 영화, 드라마 시리즈, 다큐멘터리 등을 무제한으로 볼 수 있기에 많이 이용한다. 마케팅 접근법은 첫 달 무료이고 쉐어도 가능하기에 한 번 보면 자연스럽게 이용하게 되는 경우가 많다.

"누구든 꿈을 현실로 바꾸려면 그냥 시작해야 한다. 그게 가장 간단하면서도 강력한 단계다. 뭔가 평생 생각하고 있기보다 1시간이라도 해 보는 게 훨씬 배우는 게 많다."라고 넷플릭스 창업자는 말한다.

넷플릭스 창업자 마크 랜돌프

우리나라 '배달의민족'은 길거리에 돌아다니는 무수한 전단지에서 착안했다. 한국에서 전화가 가장 일상적으로 일어나고 있는 분야가 어디인가 보았더니 전화 주문이 눈에 들어왔다. 새벽에 전단지 데이터를 모으기 위해서 경비 아저씨들과도 친하게 지냈다고 한다. 배달의민족이라 명명한 이유는 젊은 친구들이 이것저것 시켜 먹으니 배달의민족이라 했다고 했다. 초기 창업 때는 사무실도 없이 카페를 전전하며 사업을 키웠던 회사가 지금의 모습을 갖추게 됐다. 특히 이 스타트업 기업이 더 급성장하게 된 배경 중 하나는 코로나19였다.

막상 창업을 하려고 하니 직장생활과 아르바이트로 모은 돈으로는 턱없이 부족했다. 그렇다. 머리로만 생각하지 말고 내 삶의 주인으로 살아보자고 생각했다. 환경은 지금이든 나중이든 어려운 상황일 것이다. 그렇지만 나의 자산인 젊음이 있지 아니한가? 실행하기로 했다. 그래 꿈을 현실로 바꾸려면 그냥 하는 거야, '간단하게 생각하자'라고 결정했다.

LESSON 2

30대 CEO가 되다, "그날 왁싱&탠" 창업

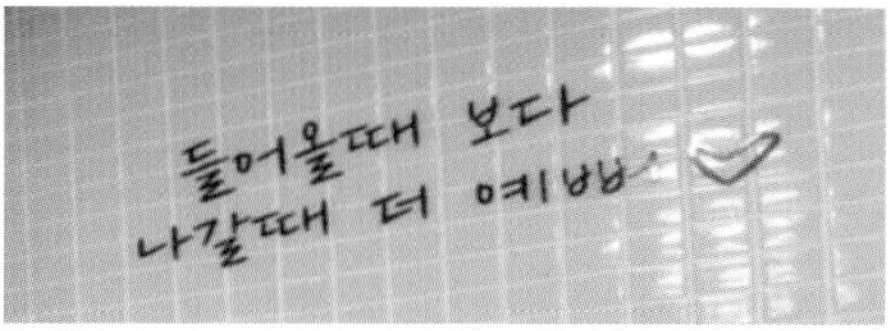

이 문구는 내 사업장 내부 우측에 새겨 넣은 것이다. 들어올 때는 뭔가 변신을 위해서 들어온다. 더 예뻐져서 나가는 모습은 내가 고객에게 줄 수 있는 선물이다. 그럼 왁싱을 하면 예뻐질까? 예뻐진다. 외모 지상주의자는 아니지만 예쁘면 일도 잘되고 자신감이 생기는 건 사실이다. 자신감은 성과로 이어지기에 매우 중요한 부분이다. 회사 로고를 고민하던 중 '그래, 들어올 때도 예뻤지만 나갈 때는 더 예쁘게 해주자.'라는 생각이 들었다. "들어올 때보다 나갈 때 더 예뻐."

왁싱이란?

모발을 일시적으로 제거하는 것을 의미한다. 팔, 다리, 겨드랑이, 헤어라인, 얼굴, 솜털, 아이브로눈썹, 뒷목, 남성 가슴 털, 턱수염 등 신체 모든 부위의 털을 제거하는 관리이다. 정돈되지 않고 무분별하게 나 있는 부분을 정리함으로써 상대에게 깔끔한 이미지를 주는 등 다양한 효과를 얻을 수 있다.

숍을 운영하다 보면 가끔 셀프 왁싱을 하다가 작품을 엉망으로 하고 오시는 고객님들도 있다. 셀프 왁싱을 하는 건 좋지만 피부의 결이나 여러 가지를 고려해서 해야 하는데 잘못된 관리로 오히려 피부의 텐션을 늙게 하는 경우도 있다. 홈케어를 하고 싶다면 혼자서 할 수 있는 부위는 혼자서 해도 좋으나 하기 어려운 부분은 전문 왁서와 상담하는 것이 효과적이다.

왁싱의 장점

왁싱은 전문 살롱에서 사용하는 왁스를 이용해 모근까지 모발을 제거하기 때문에 왁싱을 꾸준히 받으면 모 수가 줄어들고 가늘게 자란다.

모근까지 제거하기 때문에 개인마다 통증의 정도는 다르지만 왁싱을 주기적으로 관리 받게 되면 통증도 확연히 줄어든다. 면도와 같다고 생각하는 사람들도 있다. 면도와 왁싱은 전혀 다르다. 면도는 모발의 겉면만 잘라내는 것이고 왁싱은 왁스를 이용해 모근까지 제거하는 것이다. 면도는 통증이 없지만 지저분하고 매일 관리를 해야 하는 반면 왁싱은 관리를 4~6주 정도 주기로 한 번씩 하기 때문에 관리 시간 면에서도 면도보다 좋다. 왁싱을 하고 난 후 홈케어의 중요성을 모르는 분들이 많다. 항상 그래서 왁싱 전 상담을 통해 먼저 알려드리고 왁싱을 진행한다.

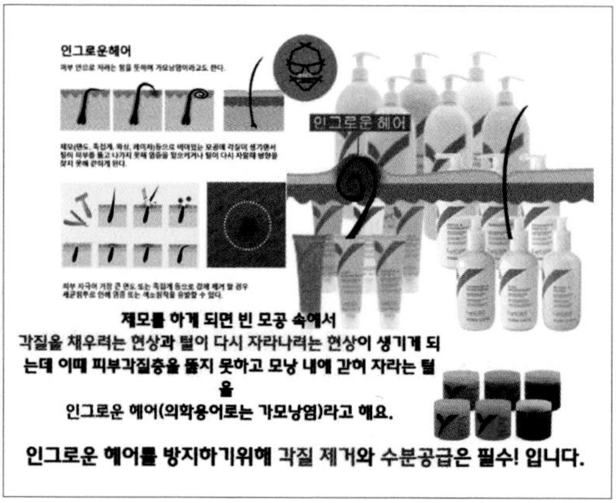

| 태닝이란? |

자외선에 피부를 노출시켜 갈색의 섹시한 피부 톤을 만드는 것이다. 갈색의 건강미가 넘쳐 보이는 피부는 자신의 성향과 직업에 따라 효과를 가져온다.

| 태닝의 종류 |

기계 태닝과 야외 태닝(화이트 태닝) 등이 있다. 태닝을 해서 몸의 컬러를 브론즈 컬러로 바꾸어 주면 윤곽을 잘 보여 주고 몸을 건강하게 보여 주는 효과가 있다. 운동을 한 사람들이 바디 프로필을 찍을 때 태닝

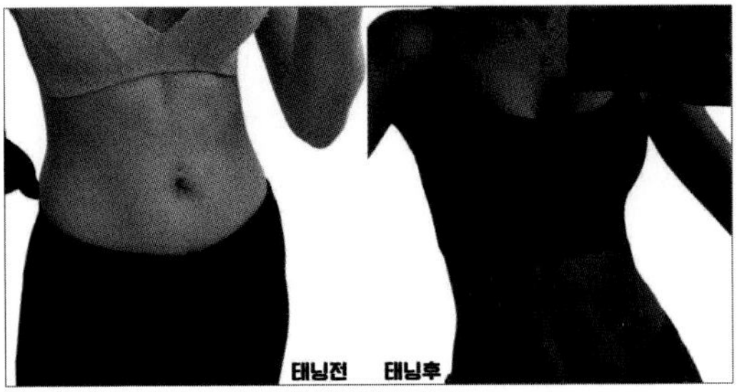

태닝 전후 컬러 변화

을 많이 하며 태닝을 함으로써 건강한 미를 드러낼 수 있게 된다.

왁싱 숍 운영이 처음에는 참 쉬웠고 재미있었다. 어느 정도 알아가고 일을 하면 할수록 어렵다는 생각이 들었다. 단순히 내가 고객으로서 관리를 받을 때는 예뻐지는 내 모습을 보면서 매력을 느꼈었다. 그런데 정작 사업장을 운영하는 오너로서, 또 왁싱, 태닝 전문가로서의 길을 가려면 더 많은 공부와 마케팅, 인사관리가 필요했다. 누군가 왁싱, 태닝 사업을 창업한다면 정말 자신에게 맞는 일인지, 잘 할 수 있을지 심사숙고해서 창업하길 권한다. 내가 너무 쉽게 생각하고 달려들었던 왁싱 숍은 알면 알수록 어려운 것임을 느낀다.

나는 20대 초반에 왁싱이라는 것을 처음 접하게 되었다. 털이 많은 게 고민이었던 나는 왁싱이란 걸 해 보게 되었다. 한 번 해 보고 나니 왁싱의 매력에 푹 빠져서 헤어 나오지 못했고 내가 단골로 다니던 인천 어느 왁싱 숍의 원장님처럼 되고 싶다는 생각을 내 나이 25살 때 했다. 창업을 꿈꾸게 되었지만 왁싱 숍은 그냥 과정만 배운다고 해서 차릴 수 있는 것이 아니었다. 국가 피부미용 자격증이 있어야 왁싱 숍을 차릴 수 있었다. 그 후로 난 알바를 하면서 학원을 다니며 국가 자격증을 취득했고 홀리데이 왁싱 브랜드 과정을 수료했다. 왁싱 업계의 대세인 라이콘Lycon이라는 브랜드의 마스터 과정을 수료했다. 사실 20대가 돈이 어디 있겠는가. 하지만 꿈을 위해 이리 모으고 저리 모아서 결국 왁싱&태닝 숍을 차리게 되었다. 정말 처음 생각했던 것보다 쉬운 일이 아니었다. 숍을 창업하기까지 몇 년이 걸렸으니 말이다. 드디어 해냈다는 보람도 잠시 코로나 여파로 나는 손님들과 가까워질 수 있는 시간이 줄어들었다. 그래서 난 존버를 택했다. 존버를 택한 결과는 버티길 잘했다는 생각이 들었다.

이번 2021년 여름은 정말 바쁜 시간이었다. 태닝과 왁싱 모두 다 손님이 많아서 정신없이 일을 해내야 했다. 요즘 대세인 바디 프로필 촬영 계획을 갖고 있는 손님의 증가로 너무 바빴지만 행복하고 좋았다. 그러던 어느 오후 퇴근 시간 무렵 친오빠가 가져다줄 것이 있다며 가게로 왔다.

오빠의 눈썹은 유난히 짙고 숯이 많아서 조금은 지저분한 편이다. "어머~ 오빠 이게 뭐야?" 얼굴을 봤더니 웬 숯검댕이가 내 눈앞에 떡… 허참 동생이 왁싱 숍을 하는데… 오빠의 눈썹이 너무 지저분해 보이고 답답해 보여서 그냥 둘 수가 없었다. 워낙 과묵하고 말이 없는 성격이라서 난 오빠에게 달라붙어 왁싱을 해 주겠다고 애걸복걸했다. 하고 나서 기뻐하고 달라질 오빠의 외모를 아는데 어찌 모른 체할 수 있을까? 세상에 하나밖에 없는 사랑하는 내 오빠인데. 시술이 끝나고 나서 본 오빠의 표정은 꽤나 만족한 표정이었다.

그 후 얼마나 지났던가. 4~6주 되었을 무렵 오빠는 다시 퇴근 시간쯤 밥을 같이 먹자며 가게로 왔다. 난 마감 준비를 하고 있었는데 오빠가 "마감 일찍 하면 눈썹 왁싱 한번 해 줘."라고 하는 것이다. 어머 어머 이게 내가 제대로 들은 소리가 맞아?? 하면서 몇 번을 되물어 보았다. 그랬더니 오빠가 말하길 눈썹 왁싱을 했더니 주변에서 예쁘고 좋다고 칭찬을 했다고 한다. 인상이 좋아졌다는 말도 들었다고 한다. 오빠는 원래 눈썹이 진하고 숱이 많은데다가 삼 자 눈썹이다. 웬일? 난 오빠에게 티를 내지 않았지만 속으로는 엄청 기뻐했다. 남매라서 앞에서 기뻐하는 티를 내고 싶지 않았을 뿐 속으로는 (빠바바바바바밥바) 하고 있었다. 미용에 관심 없던 우리 오빠도 자기 자신을 가꾸는 일을 알게 되다니, 그런 말을 들었으니 얼마나 좋았을까 하는 생각이 내 머릿속을 자꾸 맴돌았다. 그 후 오빠의 눈썹 왁싱을 공짜로 해 주었다.(기분이 너무 좋은 나머지 돈 받는 걸 까먹었다는 그날,왁싱&탠 허유리 원장님)

우리 오빠를 포함하여 그날,왁싱&탠 고객님들은 왁싱 관리를 마치고 예쁘게 변한 자신을 보고 가게 문을 열고 나갈 때는 환히 웃으며 나간다. 그것이 나에게는 보람이다. "정말 들어올 때보다 나갈 때 더 예뻐."

태닝은 상담을 통해 컬러와 향기, 로션 취향부터 발림성, 성분 또한 고객님들 취향에 맞도록 추천해 준다. 원하던 컬러가 나올 때마다 나만의 성취감을 느낀다. 거기다 더해 고객님들의 만족도가 높으면 난 너무 자랑하고 싶어진다. 좀 더 오버해서 바디 프로필 찍은 당사자보다 컬러가 너무 잘 나왔다며 만족하는 나 아니겠는가….

숍을 운영하기 전에는 몰랐다. 아르바이트를 할 때는 이런 성취감과 만족감은 없었다. 숍을 직접 운영하면서부터 고객님들의 만족감이 나에게 전해질 때면 너무 즐겁고 행복했다.

고객님들 혹은 잠재적 고객에게 내가 알고 있는 지식과 기술을 줬을 때 일에 대한 자부심을 느낀다. 뷰티 오너로서 고객의 변한 모습에 내가 더 만족하고 기쁜 것도 직업에 대한 자부심을 느끼게 한다. 나의 성격은 어떤 소소한 일에 대해서 웃는 일이 거의 없는 편이다. 왁싱과 태닝을 직업으로 선택하고 고객과의 접점에서 많이 웃게 되었고 기뻐하고 있다.

피부를 아름답게 가꾸는 일, 미용 부분에서 미를 돋보이게 하는 일, 땀을 흘려 이룬 성과(운동), 태닝을 하여 몸의 색을 아름답게 가꾸는 일 이 모든 것들은 일에 대한 자부심이 되었다.

나는 사람들이 아름다운 피부를 가꾸도록 컨설팅한다. 아름다운 피부를 가꾸는 일은 왁싱이 아니어도 다양하고 무수히 많다. 얼굴 피부가 좋지 않다면 얼굴 피부를 가꿀 것이고, 바디 피부를 변화시키고 싶다면 태닝을 할 것이다. 털이 지저분하거나 불편하다고 느끼면 왁싱을 하여 깔끔하고 아름답게 보이게 하거나 불편함을 해결할 것이다. 헤어를 바꾼다든지 안경을 바꾼다든지 자기 자신을 위해 아름답게 가꾸는 것은 중요하다. 이런 왁싱, 태닝은 좋은 이미지 가꾸는 데 많은 도움이 될 것이다. 이처럼 자신을 가꾸기 위한 노력들은 삶을 조금 더 당당하게 만들며 마음을 조금 더 윤택하게 만드는 계기가 될 수도 있을 것이다.

LESSON 3

이너 뷰티는 피부 과학이다

이너 뷰티inner beauty는 먹는 화장품을 통틀어 이르는 말로, 내부에서부터 건강한 피부를 가꾼다는 뜻이다. 이너 뷰티는 화장품을 바르는 등 인위적인 방법으로 피부 표면만을 일시적으로 좋게 만드는 것이 아니라, '식습관'과 '생활습관'을 통해 피부 속 건강을 챙겨 피부 자체를 좋게 하는 것이다.

2021년 여름은 눈코 뜰 새 없이 바빴다. 왁싱 예약이 밀리고 태닝 상담도 밀려서 쉴 수도 없었다. 매일매일 바빠서 늦게까지 일하고 넋을 놓고 집으로 돌아오기 일쑤였다. 그렇게 바쁘게 일하다 보니 몸에 무리가 와서 허리 수술을 해야 할 것 같다고 병원에서 말했다. 참 많이 힘들었다. 손님들은 한결같이 "원장님 어디 아프세요?", "원장님 엄청 피곤해 보여요.", "원장님 좀 쉬셔야 할 것 같아요." 이런 말들이 대부분이었다. 그래서 거울을 보니 초췌하고 황달이 낀 어느 여자아이가 있었다. 그건 바로 나였다. (사실 알고 있었다. 내 몸이 지금 아프다는 걸.)

나는 바쁜 일과로 과로가 누적되어 있는 상태였다. 거기에다가 면역력 저하까지 와서 대상포진, 생리불순 등 여러 가지 질병이 함께 내 몸에 공존하고 있었다. 하지만 밀려 있는 예약들을 포기할 수 없었기에 병원에 가서 수액을 맞아가며 일했다. 약을 처방받아 먹으면서 버티고 있었다. 그 모습이 손님들 눈에도 보였다면 난 정말 못난 원장이었다. 아픈데 티까지 났다니…. 손님들이 되레 쉬라고 얘기하다니 누가 보면 돈 욕심에 쉬지 않고 일을 하는 여자로 보았을 수도 있었을 것이다. 한번 저하된 나의 면역력은 쉽사리 돌아올 생각을 하지 않았다. 거기에 스트레스 과로로 생리까지 문제가 생겼다. 내 몸에서는 걱정이 쌓여 갔고 치료하라는 신호가 왔지만 난 일을 계속해야만 했다. 병원에 가서 수액을 아무리 맞고 좋다는 비타민을 먹어도 몸은 회복될 신호가 오지 않았다.

그렇게 힘들게 하루하루를 지내고 있을 때 몇 년 만에 친한 언니가 지방에 있다가 서울에 올라오게 되어 보고 싶다며 숍에 찾아왔다. 그리고 나를 보더니 머리부터 발끝까지 엉망이라며 잔소리를 하기 시작했고 나는 잔소리가 듣기 싫어 그냥 다 맞다고 대답하고 있었다. 그러던 중 언니는 무언가 생각이 난 듯 "유리야, 너 이거 먹어야 할 거 같아."라고 말하며 무언가를 줬다. 내게 준 것은 건강기능식품인 셀포스와 화장품 셀이야였다. 이후 언니가 준 일주일 분의 약을 먹었는데 신기하게도 몸이 살 만해진 걸 느끼게 되었다. 언니는 내게 약을 주고는 매일매일 "오늘은 컨디션 어때?"라고 물어보고 식습관, 생활습관을 고치라고 잔소리를 해주었다. 난 그 잔소리에 못 이겨 그대로 실천해 나아갔으며 그랬더니 거짓말처럼 몸은 가벼워지고 대상포진도 다 나아서 면역력도 돌아온 듯했다. 일주일 만에 말이다. 그래서 난 셀포스가 궁금해지기 시작했다. 언니에게 한 달 치를 시켜달라고 얘기하고 구입해서 먹기 시작하였다. 집에 있는 무수히 많은 비타민은 먹지 않고 셀포스만 하루에 두 알씩 먹고 언니가 얘기해준 대로 식습관, 식생활을 조금 바꿨을 뿐인데 어? 몸이 좋아지고 있다는 걸 확연히 느끼고 있었다.

피곤하고 아프니 피부는 울퉁불퉁 자기 멋대로 튀어나왔다. 안 좋아지고 있어서 이게 코로나19로 인한 마스크 착용 때문인지 건강상 문제인지 걱정해야 했다. 다행히 언니가 준 화장품 덕인지 셀포스 비타민 때문인지 조금씩 변화가 있었다. 난 그래서 이 건강기능식품의 성분을 하나하나 살펴보기 시작했다. 공부하고 보니 셀포스는 대표적으로 3중 기능성 건강기능식품이었다.

- **베타카로틴** 어두운 곳에서 시각 적응을 위해 필요, 피부와 상피 점막을 형성하고 기능을 유지하는 데 필요, 상피세포의 성장과 발달에 필요.
- **아연** 정상적인 면역 기능에 필요, 정상적인 세포 분열에 필요(아연은 얼굴 피부에 좋다고 알려져 있음).
- **비타민E** 세포의 노화를 막고 유해 산소부터 세포를 보호하는 데 필요.

대표적으로 이 세 가지 성분이 들어 있고 그 외 18가지 성분이 더 들어 있다. 사슴태반농축분말, 달맞이꽃종자유, 아보카도유, 소비장추출물, 밀크시슬추출물, 과라나농축분말, 주석산수소콜린, 레시틴, 글리세린지방산에스테르, 대두, 밀납, DL-메티오닌, 피쉬콜라겐, 토마토추출물, 사과추출물, 미역추출물, 소나무 껍질 추출물, 알로에베라 총 18가지 부원료가 들어 있다. 사슴태반을 알고 있는 사람은 많지 않다. 사슴태반은 사슴 녹용보다 효과가 좋으며 녹용에 들어있는 강글리오사이드 성분이 녹용보다 배로 들어 있다. 사실 강글리오사이드는 관절, 연골 근육질환, 면역, 기억력, 항암 등 많은 부분에 치료용으로 들어가는 성분이다. 이것이 사슴태반 안에 들어 있으며 셀포스에는 사슴태반 농축 분말이 함유되어 있다. 사슴태반은 청정 지역인 뉴질랜드 100% 직수입으로 먹는 것이 좋다. 이너 뷰티에 해당하는 먹는 식품을 통해서 피부 속 건강을 책임져야겠다 생각했다. 식약처에서 인증되어 정식 수입되고 있는 곳은 셀포스의 판매처와 다른 곳 총 2군데로 알고 있다.

셀포스로 몸이 좋아진 걸 경험한 나는 그 성분을 공부했고 셀포스를 생산 판매하는 회사에 가서 세미나를 듣기도 하였다. 듣고 보고 경험하면서 왁싱 태닝이 표면에 나타나는 미용을 책임진다면 이너 뷰티는 속까지 지킬 수 있겠구나 하는 생각으로 이걸 판매하는 직원이 되길 원했다. 화장품 셀이야도 지속적으로 몇 달간 써 보면서 느낀 건 이건 나만이 쓸 물건이 아니고 이걸로 다른 사람도 건강해질 수 있기에 피드백해 줄 수 있는 사람이 되어야겠다 생각했다. 그래서 셀이야와 셀포스를 판매하기로 했다. 주변에 몇몇 지인에게 화장품을 추천해 주었으며 맞춤형 화장품 상담 전문가 자격증 2급을 따고 그 이후로도 많을 걸 알아가고 있다. 내 고객님들에게 많은 피드백을 해줄 것이다. 그리고 말하고 있다. 하루에 15알의 비타민을 먹겠는가? 아니면 2알을 먹겠는가? 화장품도 바르는 데 1시간이 걸리는 화장품을 쓸 것인가? 10초 걸리는 화장품을 쓸 것인가?

나에게 이너 뷰티는 단순히 식품으로 내부부터 건강하게라는 의미보다는 안에서부터 예쁘게 만들고 안이 예뻐져야 겉도 예뻐질 수 있는 뷰티를 말하는 것으로 들린다. 이너 뷰티를 시작하려면 하루에 2알로 시작해 보는 것은 어떨지. 그 2알이 여러분의 속을 안에서부터 예쁘게 만들어 줄 수 있을 것이다. 식품으로 건강을 지킬 수 있을 것이다. 이에 줄기세포 화장품까지 사용하게 된다면 자기를 건강하고 예쁘게 꾸밀 준비가 되어 있는 사람이라고 얘기할 수 있을 것이다. 꼭 셀이야, 셀포

셀포스 건강기능식품

스 브랜드를 택하지 않더라도 성분을 자기 몸에 맞춰서 비교하며 먹을 수 있는 지식과 어떻게 겉과 속의 밸런스를 맞출지, 화장품은 또 어떻게 쓰고 어떻게 관리하는지 자기 자신이 자기를 알아갈 수 있는 재미있는 길일 테니 자기의 건강과 피부에 대해 조금씩 알아가며 이너 뷰티를 실천해 나아간다면 당신은 이제 예쁨받을 준비가 되었다.

인생을 살아가는 동안에 이너 뷰티를 뺄 수 없다. 나의 생각은 빼면 안 된다고 생각한다. 당연히 우리의 몸을 건강하게 하기 위함이고 몸이 건강하면 마음도 피부도 차례대로 건강해질 거라는 믿음이 있기 때문이다.

LESSON 4

건강하게 예뻐지는 길을 택하다

셀포스 얘기를 한참 하던 나는 화장품 얘기를 더해 나가고 싶었다. 늘 친구들은 내게 피부 좋다는 말을 많이 했다. 하지만 마스크를 쓰고 땀을 흘리며 일을 하고 난 후 내 얼굴은 엉망이 되어버리고 말았다. 여드름에 좋다는 화장품을 하나둘 사게 되었고 써 보았지만 효과를 보지 못했다. 또한 피부과에서 백만 원을 내고 레이저를 받았지만 흉터까

과거

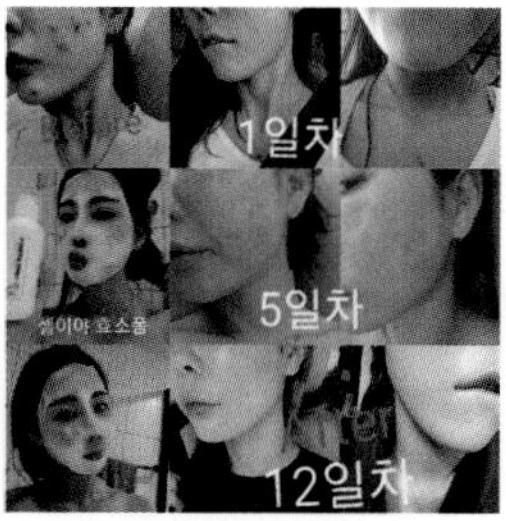

셀이야 사용

현재

지 생기고 그 위로 또 여드름이 올라와 버려서 얼굴에 대한 스트레스가 이만저만이 아니었다. 그러던 중 셀이야라는 화장품을 받았고 쓰게 되었다. 다른 화장품과 별반 다르지 않겠지라고 생각하며 일주일 정도 썼었다. 처음엔 얼굴에서 껍질이 얇게 벗겨지고 미스트를 뿌리면 얼굴만 둥둥 떠 있는, 기름이 많은 얼굴처럼 보였다. 태닝 때문에 얼굴이 까맣게 되어 있었기 때문이다. 그 후 2주가 지나자 얼굴에 혈색이 돌아오는 걸 느꼈다. 여드름이 들어가고 안 들어가고의 문제가 아니었다. 여드름이 없는 부분을 보면 피부가 매끄럽고 모공이 거의 보이지 않을 정도로 피부가 촉촉하게 차올라 있었다.

이 화장품도 대단한 물건이구나! 그럼 이 화장품을 내 얼굴에 맞게 잘 쓰려면 뭐가 필요할까? 화장품의 성분과 쓰는 방법 무엇보다 나의 환경에 따라 화장품 쓰는 방법을 바꿔주는 것이 중요했다. 나는 지금까지는 이걸 알지 못했고 환경이 바뀌든지 말든지 항상 똑같이 썼었다. 보통의 사람들은 대부분 다 그럴 것이다. 하지만 얼굴은 환경 변화에 예민하게 반응하기 때문에 홍조가 생기고 당김 현상이 생긴다. 건조해지고 피지 분비가 많아지는 것, 이것은 외부 환경 때문에 얼굴에서 많은 변화가 일어나는 것이다. 그렇다면 그 환경에 맞춰서 화장품을 써야 할까? 아니면 그냥 평소대로 환경을 신경 쓰지 않고 화장품을 발라도 될까? 당연히 이 말을 듣고 나면 환경을 생각하지 않을 수 없었다.

대부분의 사람들은 화장품이 기능성이라고 해서 꼭 나에게 맞춰서 나온 화장품인 줄 착각에 빠진다. 그리고 화장품을 환경에 맞춰 써 보지도 않고 화장품을 탓하며 효과가 별로라고 하면서 다른 화장품을 구매한다. 그건 우리가 화장품의 성분을 모르고 환경에 따라 쓸 줄 모르기 때문이다. 나 또한 이전까지 그랬었다. 이제는 제대로 알고 쓰자는 말이다. 우리의 얼굴, 몸, 피부는 사계절이라는 계절 변화뿐만 아니라 호르몬 변화, 자외선 노출 등 외부 환경의 영향을 받는다. 제일 많이 닿는 부분이 얼굴이다. 자외선 차단제를 꼼꼼히 발라야 한다. 선크림이 중요한 이유는 노화를 방지해주고 기미를 방지해주는 효과 때문이다. 그리고 더해 외부 환경으로부터 피부를 보호하는 역할을 한다.

내 얼굴 관리를 하고 있는 셀이야 화장품이다. 이 화장품을 나는 매일 다르게 쓰고 있으며 외부 환경에 맞춰서 쓴다.

특히 피부에서 중요한 건 수분이다. 수분 공급을 해야 얼굴에 생기가 돌고 각질과 노폐물도 배출될 수 있다. 지금은 겨울이니 특히나 건조해지는 날씨 때문에 수분크림을 지속적으로 얼굴이 건조하지 않게 덧발라 주며 블링 워터 에센스 미스트를 얼굴에 수시로 뿌려 보호막을 형성해줘야 한다. 사람마다 얼굴 타입별, 환경과 상황이 다 다르기 때문에 똑같은 화장품을 똑같이 쓰는 게 아니라 자기의 환경과 피부 타입을 고려해 화장품을 자기 얼굴에 맞춰 쓰는 것이 중요하다.

예뻐진다는 것은 단순히 자기만족으로 그치지는 않는다. 참 신기하게도 예뻐지게 되면 사람들은 자신감을 갖는다. 그러면 영업을 나가거나 사무실에서 일하는 시간에도, 장사를 하면서 고객을 응대할 때도 예뻐진 나에게 사람들은 더 호감을 느낄 것이다.

LESSON 5

뷰티 산업의 거장이 되리

20대 중반에 창업에 대해 꿈을 꾸었던 나는 서른에 꿈을 이루었다. 직원으로서가 아니라 오너가 되었고, 이제 사회에 대한 책임감까지 생겼다. 국가 고용 창출에 기여하고, 누군가를 기쁘게 만드는 사람이 되었다. 경제활동의 기본은 이익 창출이지만 오너로서 느끼는 것은 더불어 행복해지는 것이 곧 성장임을 느낀다. 내가 가진 달란트를 통해서 왁싱, 태닝을 했더니 들어올 때보다 나갈 때 더 예뻐진 고객님의 미소는 나를 기쁘게 한다. 트러블이 생긴 고객의 피부를 이너 뷰티 관리를 통해 속으로부터 건강하게 만들어주었을 때 내가 하는 일이 대단하다는 생각도 한다. 일을 하면서 피부는 과학임도 알게 되었다.

젊은 청년 창업자로서 시작은 미미하지만 체계적인 사업 운영으로 대한민국 뷰티 산업의 큰 인물이 되고 싶은 소망을 가지며 글을 맺는다.

LESSON 6

글을 마치며

살면서 한 번도 꿈꾸지 않았던 길을 지금 걷고 있다, 아주 우연히…. 고려대 명강사 프로그램의 백미인 책 쓰기는 내가 걸어온 길을 한번 되짚어 보는 계기가 되었다. 책을 쓰는 내내 가슴 벅차고 행복했다. 어떤 내용을 담아야 할지 몰라서 많이 힘들었지만 고민하고 자료를 찾고 공부하면서 또 다른 나를 발견하는 시간이었다. 옛날 기억도 꺼내 보고 사진첩도 열어 보면서 추억을 송환해 보기도 했다. 부족한 부분의 공부를 하면서 공부한 내용을 여기에 담아내진 못했지만 자신을 돌아보고 미래에 대한 꿈의 파이를 키워보는 계기도 되었다.

나는 왁싱과 태닝을 좋아하는 사람이자 이를 직업으로 둔 사람이다. 건강하게 예뻐지는 길로 좋은 사람들과 함께 나란히 나아가고 싶은 사람이다. 한 발 한 발 더 걸어 나가고 있고 성장하고 있다는 것을 느끼게 해준 조영순 강사님께 너무 감사하고 사랑한다 전하고 싶다. 조영순 강사님의 추천으로 여기 고려대 명강사 최고위과정을 오게 되었고 강사님 덕분에 많은 것을 알아가며 앎으로 채워지는 행복한 시간을 보냈다. 15기 원우님들과의 워크숍에서의 추억은 잊지 못할 추억이 될 것이다. 여기에서 만난 소중한 인연 15기 원우님들을 보면서 함께 배우고 함께였기에 감사한다.

내 나이 서른 초반에 작가가 되었다는 것이 너무도 감사하다. 이것을 계기로 나는 세상을 향해 외치고 싶은 이야기가 많아지기를 바라본다. 뷰티 산업에 몸을 담았으니 뷰티 산업의 큰사람이 될 거라고…. 이른 나이에 고려대 명강사 최고위과정을 만난 건 내 인생에서 엄청난 축복이었다. 생을 다하는 날까지 배우는 건 멈추지 않을 것이다. 그리고 지속 가능한 성장을 할 것이다. 내게 선물로 와 준 15기 회장님과 동

단양 카페산 패러글라이딩

기 원우님, 잡은 손 놓지 않고 행복으로 가는 길에 함께할 것이다.

단양 카페산 패러글라이딩의 정상으로 가는 길, 정상의 뷰티 산업 오너로 성장할 것을 마음에 새기면서 마무리한다.

우리의 작은 이야기, 큰 이야기

| 입학식 |

고려대학교 정문(2021년 9월 27일)

개강식 고려대 평생교육원(라이시움 405호)

축사 평생교육원장 신창호

격려사 대표강사 서일정

인사 및 소개

이인재 원우회장

이필호 수석부회장

남희선 수석부회장

김동욱 사무총장

김경미 공저부회장

김재환
감사위원장·공저부회장

이준화 윤리위원장

송채연 교육위원장

안종철 소통위원장

린다리 홍보부회장

허유리 재무위원장

임인식 교육부회장

최애정 공저위원장

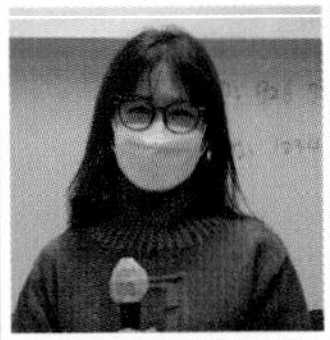
이설매 홍보위원장

이인재 원우회장이 이설매 홍보위원장에게 위촉장 수여

장해기 14기 공저부회장의 내 책 공저 출판 스토리 강의

심채영 특임강사와 함께 아침을 깨우다 시간

"유튜브 작년 한국GDP 기여 액수,
1.6조 원 추산"

고려대학교 평생교육원
고려대 명강사 최고위과정 15기 공저출판교육
KOREA

선배님들

공저 출판 교육 장소인 단양의 단양군수님과 강사진들과 함께

선배님들과 함께 만찬

선배님들과 함께 만찬

고려대학교 평생교육원
환 고려대 명강사 최고위과정 15기 공저출판교육 영

환 고려대 명강사 최고위과정 15기 공저출판교

15기 공저출판교육 영

고려대학교 평생교육원
고려대 명강사 최고위과정 15기
고려대학교
명강사최고위과정

고려대학교

고려대학교 평생교육원

고려대학교 평생교육원
고려대학교
명강사최고위과정

고려대학교 평생교육원
고려대학교
명강사최고위과정

최고위과정 15기

고려대학교 평생교육원
고려대 명강사 최고위과정 15기

고려대학교 평생교육원
고려대 명강사 최고위과정 15기
고려대학교
명강사최고위과정

3.
코칭을 위한
강의교안 작성법
교육원
고위과정 15기

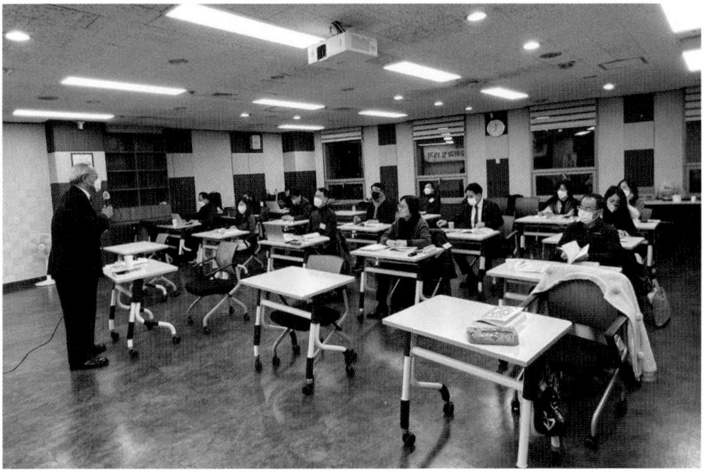

육원
위과정 15기

14기 특임강사들의 시범 강의 후 기념사진

15기 동기생들과 원더풀!

코에 힘준 사람들
고위과정 15기
고려대학교
명강사최고위과정

돈을 벌자
고위과정 15기
고려대학교
명강사최고위

꼬맹이 농부
김재환
고위과정 15기
고려대학교
명강사최고위과정

왁싱 & 태닝으로
뷰티산업을 이끌다

토마스 프레이
2030년
사라진다.

린다 리
고위과정 15기
고려대학교
명강사 최고위과정

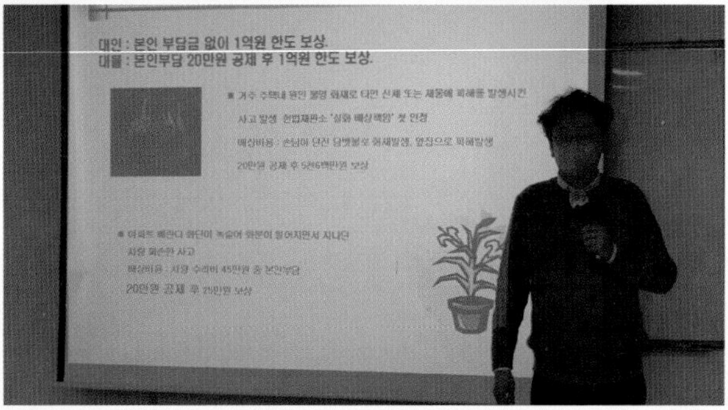
대인 : 본인 부담금 없이 1억원 한도 보상.
대물 : 본인부담 20만원 공제 후 1억원 한도 보상.

수업 장면

교육 목표

- 117년 고려대 역사상 2015년 110년만에 최초로 개설된 "고려대명강사최고위과정"은 차별화된 대한민국 명강사양성 과정
- 명강사를 희망하는 분들과 인생 2모작을 준비하는 분들에게 꼭 필요한 내용을 올바른 방향으로 지도하여 강사로서의 사명감과 가치관을 고취시키고 전문적인 역량과 자질을 겸비한 엘리트 명강사로 육성
- 듣는 강의로 끝나지 않고 명강사로 가는 길에 필요한 실전 코칭과, 공저를 통한 브랜드 파워와 강의 컨텐츠 개발

교육 프로그램

주	날짜	강의내용	시간
1	09/27(월)	개강식, 교정투어, 사진활영, 명강사 20강의 실크로드 (1H) 운영강사 **조영순**	4.5
2	**10/05(화)**	명강사의 인문학으로 배우는 명강의 기획노하우 (사)한국교육강사연합회회장/경영학박사 **홍웅식**	2.5
3	**10/12(화)**	명강사의 마케팅. 강의력 역량 Up 성공사관학교 총장(대한민국명강사21호) **서일정**	2.5
4	10/18(월)	명강사의 교수설계 – 나를 감동시키는 명강의 하기 한국강사협회부회장 **강래경**	2.5
5	공저출판 교육 (1박2일) 10/22(금) 13:00~ 10/23(토) 12:00	▶ 나 너 그리고 우리 / 선배 14기와 소화재타임 (소통.화합, 재미) 주관 1) 명강사의 소통과 화합 그리고 출발 (1H) 운영강사 **남정희** 2) 쉬운 공저 책쓰기 핵심 노하우 (2H) 운영강사 **조영순** 3) 14기 공저작성 소감 발표 (10분) 특임강사 **장혜기** 4) 주.근.사.자. 글쓰기 (2H) 출판사 마이북하우스 대표 **장치혁** 5) 소화재타임 (레크+화합) (4H) 14기, 15기 원우회주관 **운영진** 6) 명강사의 아침을 깨우다 (1H) 충청북도 단양군 체조협회장 **심채영** 7) 「명강사 25시」 공저 책쓰기 핵심스킬 (2H) 한국안드라고지연구소장 **김도운**	12
6	11/01(월)	품격을 높이는 명품이미지 메이킹 숭실대 경영대학원 이미지경영학과 교수 **송은영**	2.5
7	11/08(월)	멀티미디어기능을 활용한 프레젠테이션 운영강사 **남정희**	2.5
8	11/15(월)	명강사의 격을 높이는 퍼블릭스피치 – 무대매너, 표현기법 프레젠마스터 **안효정**	2.5
9	11/22(월)	주부에서 명강사(대학교수)로 도전성공 사례 (1H) 성행희소통교육원장 **최영선** (특강1) 명강사의 창의적 교수법 (70분) 창의경영연구소장 **조관일**	2.5
10	11/29(월)	오감을 활용한 소통하는 강의스킬 (사)한국강사협회부회장 **이미선**	2.5
11	12/06(월)	(특강2) 명강사의 인문학적 교수법과 리더십 (1H) 단국대부총장 **김상홍** 강의안 준비 및 발표 스킬 UP (40분) 운영강사 **조영순** 명강사경진대회 최우수상 시범강의 (10분) 명강사경진대회 최우수상 **김규연** 명강사경진대회 대상 시범강의 (10분) 명강사경진대회 대상 **박현숙**	2.5
12	12/13(월)	1차 코칭: 전원10분씩 강의코칭 (18시~21시30분) 코칭강사 **강래경, 김인식**	3.5
13	12/20(월)	ZOOM 호스트 되기 어울마당교육연구소대표 **남정희**	2.5
14	12/27(월)	2차 코칭: 전원10분씩 강의코칭 (18시~21시30분) 코칭강사 **강래경, 김인식**	3.5
15	01/03(월)	고객이 선택하는 명강의 특별 노하우전수 (70분) 21세기 사회발전연구소장 **이보규** ※ 민간자격시험 〈필기시험〉 8종 (20시30~21시20분)	2.5
16	01/08(토)	명강사 경진대회, 수강생전원 10분 발표 (전문심사위원, 수강생) 10시~18시 **운영진**	8
17	01/15(토)	수료식 (VIP격려사, 우수자표창, 수료생 스피치) ★ 공저출판기념회 **운영진**	6
합계		**21년 9월 27일 ~ 22년 1월 15일 〈17주70시간〉 교육장소: 고려대 라이시움 323호**	70

※ 상황에 따라 강사와 주제는 변경될 수 있습니다.

- 학습자 수준에 따라 활용가능한 PPT 초급, 중급 수업 전 60분 수업 (일정: 17시~18시 3회, 본교육 1회)
- 실전 심화코칭 : 2회, 회당 3.5시간 (개인당 10분 발표, 전문 코칭전문가에 의한 차별화된 지도 강평)

참고문헌

국내 논문

1 김동호, 『지역사회 범죄예방과 경호활동』, 경기대학교 석사학위 논문, 2005.

2 백혜웅, 『환경설계를 통한 범죄예방의 제도적 고찰』, 전남대학교 석사학위 논문, 2009.